美育与艺术鉴赏

主　编　陈　锐
副主编　刘　洋　许　鹏　张　皓

南京大学出版社

图书在版编目(CIP)数据

美育与艺术鉴赏 / 陈锐主编. —— 南京：南京大学出版社，2022.11
ISBN 978-7-305-25901-2

Ⅰ.①美… Ⅱ.①陈… Ⅲ.①美育－高等学校－教材②艺术－鉴赏－高等学校－教材 Ⅳ.①G40-014②J05

中国版本图书馆 CIP 数据核字(2022)第 114534 号

出版发行	南京大学出版社
社　　址	南京市汉口路 22 号　　邮　编　210093
出 版 人	金鑫荣
书　　名	**美育与艺术鉴赏**
主　　编	陈　锐
责任编辑	王日俊
照　　排	南京南琳图文制作有限公司
印　　刷	南京凯德印刷有限公司
开　　本	787×1092　1/16　印张 9.5　字数 244 千
版　　次	2022 年 11 月第 1 版　2022 年 11 月第 1 次印刷
ISBN	978-7-305-25901-2
定　　价	58.00 元

网址：http://www.njupco.com
官方微博：http://weibo.com/njupco
官方微信号：njupress
销售咨询热线：(025) 83594756

* 版权所有，侵权必究
* 凡购买南大版图书，如有印装质量问题，请与所购图书销售部门联系调换

前　言

美是纯洁道德、丰富精神的重要源泉。美育是审美教育、情操教育、心灵教育，也是丰富想象力和培养创新意识的教育，能提升审美素养、陶冶情操、温润心灵、激发创新创造活力。在新时代，艺术教育已经成为学校美育的主要内容和途径，是学校全面教育的重要组成部分。

为了更好地开展艺术教育，中共中央办公厅、国务院办公厅联合印发《关于全面加强和改进新时代学校美育工作的意见》，明确规定："以习近平新时代中国特色社会主义思想为指导，全面贯彻党的教育方针，坚持社会主义办学方向，以立德树人为根本，以社会主义核心价值观为引领，以提高学生审美和人文素养为目标，弘扬中华美育精神，以美育人、以美化人、以美培元，把美育纳入各级各类学校人才培养全过程，贯穿学校教育各学段，培养德智体美劳全面发展的社会主义建设者和接班人。

……

高等教育阶段开设以审美和人文素养培养为核心、以创新能力培育为重点、以中华优秀传统文化传承发展和艺术经典教育为主要内容的公共艺术课程。"

根据文件精神，我们在艺术欣赏教学实践以及借鉴其他艺术教育教材的经验基础上，编写了本教材。

"美育与艺术鉴赏"是高等院校第一学年的必修课程，也是培养大学生艺术素养的入门课程。在充分考虑高等院校学生特点及水平的基础上，我们遵循由浅入深的原则，对整体内容进行了安排。

本书共分四个部分，艺术分类与鉴赏、艺术作品及其层次、艺术系统解析、艺术批评，共计十三章，力求使学生在有限的知识学习中把握欣赏各类艺术的重点、方法和规律。在艺术分类与鉴赏部分中，先用生动有趣的语言定义艺术，然后介绍艺术分类的方式方法，最终确定艺术的美学原则并结合典型案例加深读者理解,继而由浅入深地分析艺术鉴赏行为,剖析艺术鉴赏心理,引导学生在不断的鉴赏尝试中提升艺术鉴赏能力。在艺术作品及其层次中,先对艺术作品的定义进行介绍,然后对艺术作品的三层次——语言、形象、意蕴进行阐释,并结合案例培养学生对艺术作品进行审美层次区分的能力。在艺术系统解析中,对艺术创作的主体、过程和艺术潮流的形成进行深入剖析,使学生掌握艺术创作的基本知识,具备更深入、全面鉴赏艺术作品的能力。在艺术批评中,通过系统介绍相关知识,使学生最终超越鉴赏行为并具备一定艺术批评能力。

在编写过程中,我们借鉴了许多专家学者的观点和成果,使用了一些图片作品进行图文映照,但因种种技术原因,恕不一一列举,谨表感谢。由于编写匆忙,书中可能存在诸多的问题和不足,欢迎大家批评指正。

编 者

目　录

第一部分　美与艺术鉴赏

第一章　艺术与美 ··· 2
　　第一节　艺术是创造美的行为 ··································· 2
　　第二节　艺术的本质 ··· 7
　　第三节　艺术的特征 ··· 13

第二章　千姿百态的审美世界 ································· 20
　　第一节　艺术分类的方法 ······································· 20
　　第二节　各类艺术的种类与审美特征 ······················ 22

第三章　艺术鉴赏入门 ·· 35
　　第一节　艺术鉴赏的性质 ······································· 35
　　第二节　艺术鉴赏的特点 ······································· 39
　　第三节　艺术鉴赏的过程 ······································· 42

第四章　音乐艺术鉴赏实例 ····································· 46
　　第一节　音乐艺术的概念 ······································· 46
　　第二节　音乐艺术的基本特征 ································· 49
　　第三节　音乐艺术的语言 ······································· 51
　　第四节　音乐艺术的审美特征 ································· 55

第二部分　艺术作品及其层次

第五章　作品与艺术作品 ··· 60
　　第一节　作品 ··· 60
　　第二节　艺术作品概述 ·· 63

第六章　艺术品的价值及衡量方法 ································ 66
第一节　艺术品的六大价值 ································ 66
第二节　艺术作品经济价值的判断方法 ································ 69

第七章　艺术品的三个层次 ································ 75
第一节　艺术语言 ································ 75
第二节　艺术形象 ································ 80
第三节　艺术意蕴 ································ 82

第三部分　艺术系统解析

第八章　复杂的艺术系统 ································ 86
第一节　艺术生产理论概述 ································ 86
第二节　艺术创作系统 ································ 90

第九章　艺术创作的主体 ································ 98
第一节　艺术工作者与艺术家 ································ 98
第二节　艺术工作者的个人修养与作品格调 ································ 103
第三节　艺术家的社会责任 ································ 106

第十章　艺术创作过程与创作心理 ································ 109
第一节　艺术创作的过程 ································ 109
第二节　艺术创作的心理特征 ································ 112

第十一章　艺术的风格、流派和思潮 ································ 117
第一节　艺术的风格 ································ 117
第二节　艺术流派的形成 ································ 126
第三节　汹涌的艺术思潮 ································ 129

第四部分　从艺术鉴赏到艺术批评

第十二章　艺术批评的概念与形态 ································ 134
第十三章　艺术批评的标准与方法 ································ 142

第一部分
美与艺术鉴赏

很早的时候,艺术只是一条涓涓的小溪,是一代代具有艺术才能的人投身其中,开拓了她的边界,丰富了她的内涵,使她变得越来越丰富多彩,也越来越广阔无际。随着社会的发展,艺术在生活中的位置变得越来越重要,逐渐渗透到社会生产和组织的方方面面。

到了信息高度发达的今天,艺术更是日新月异,以前所未有的速度进行迭代发展。于是,新的矛盾诞生了——我们所面对的艺术世界不再像先辈们所面对的那个纯粹而美好的世界,而是变得纷繁复杂,五音乱耳,五色迷目,让初步踏入艺术世界的人不由自主地慌乱无措,艺术方面的通识教育也开始变得格外重要。尤其是对于新时代的大学生来讲,正确认识艺术并具备一定的鉴赏能力,已经成为社会的基本要求。

下面,就让我们通过四个章节渐次深入的系统学习,来了解艺术分类的基本知识并初步掌握艺术鉴赏的能力吧!

第一章 艺术与美

在生活中,大多数人的艺术鉴赏行为都是自发的,基本停留在认知经验的层次,很少有人对什么是艺术、艺术的本质、艺术的特征等问题有清晰的理解。哪怕有人打着艺术的旗号搞一些违反公序良俗、违背美学原则、让人产生负面生理反应的所谓的"艺术作品",大多数人也往往报以敬畏的态度。于是,我们在面对这些打着艺术旗号的怪现象时,仿佛整个社会失去了评价的话语权,一个个沦为茫然的看客。

在这件事情上,批评任何一个个体都没有太大的意义。我们都知道,在课本知识学习的层面,如果一个同学对相应知识点的概念及其本质与特征不甚明了,是很难获得良好的学习成果的,在一些极端的情况下甚至完全无法展开有效的学习与研究。在我国长期的教育发展过程中,对大众进行艺术鉴赏方面的通识教育的缺位,必然会导致上述现象的发生。由这个问题延展开去,还能上升到国家文化安全战略的高度,对整个中国社会的未来发展都有深远影响。

一个新时代的大学生,应该明晰艺术的概念、艺术的本质、艺术的特征,并能对艺术与市场的关系进行科学的辨析。这不仅是增强个人艺术修养的必由之路,也是我们在民族复兴道路上实现华丽蜕变的公民责任。

第一节 艺术是创造美的行为

人类创造了艺术,艺术也一路伴随着人类进行文明的发展与演进,成为人类文明中的一种本质力量。正是因为有了一代代艺术从业者的薪火相传,才使我们现在的生活变得饶有趣味。不管是艺术的创造者,还是艺术的鉴赏者,都从中体验到了无尽的自豪感和幸福感。

那么,究竟什么是艺术呢?这个看似简单的问题,却是一个众说纷纭的难题,无数智慧的大脑在千百年间孜孜以求、苦苦思索,却总是难以给出一个明确的解答。想要解答这个问题,"美"是唯一的钥匙,而艺术正是一种创造美的行为。

不同时代的人们在审美方面有许多差异,这就导致了对艺术概念的模糊化。也就是说,在不同的时代,艺术的内涵相差甚远。不管是在以中国为代表的东方,还是以欧美为代表的西方,从原初艺术概念的产生到现代艺术概念的形成,经历了一个漫长的历史演变过程。

一、艺术概念在中国的历史发展

在我国的商代,甲骨文中已经有了"艺"的概念,字形见图1-1。从字形上看,像一个人手持小苗,把它种到土地上。它的本意就是《说文解字》中所解释的"种植"。这个解释在中国历史上影响极为深远,在先秦的文献中很多的"艺"字取的都是这个本意,如《诗经·楚茨》

里的"自昔何为？我艺黍稷"。《墨子·非乐》里的"农夫蚤出暮入，耕稼树艺，多聚叔粟，此其分事也"，《孟子·滕文公章句上》中的"后稷教民稼穑。树艺五谷，五谷熟而民人育"。就是在这个原始概念的基础上，才逐渐发展出我们熟知的艺术概念。

从"艺"的最初概念出发，随着"艺"字在社会文化中的大规模应用，它的词义开始不断衍生出新的内涵。首先，对于农耕文明来说，种植是一种必需的技术，代表种植的"艺"字也就逐渐在人们的认识中等同于"才能"。紧接着，有才艺的人就开始被称为"艺人"，而他们所掌握的一般人群所不具备的各种技艺也被称为"艺事"。我国现存最早的一部历史文献《尚书》中就多次出现这种用法，如《尚书·金縢》记述周公的祷告之辞："予仁若考能，多材多艺，能事鬼神。"其中的"艺"就表现出这一含义的鲜明特点。

图 1-1　甲骨文"艺"字

到了春秋时期，"艺"开始上升到文化高度。记录孔子及其弟子言行的《论语》中就多次出现关于"艺"的命题，如"志于道，据于德，依于仁，游于艺""兴于诗，立于礼，游于艺"等。对于这个现象，许慎在《说文解字》中解释道："周时六藝，盖亦作蓺，儒者之于礼、乐、射、御、书、数，犹农者之树蓺也。"把在地上种树的技能，升华到在人（包括自己）心中种下文化的技能，于是"艺"就开始逐渐脱离种植的原意，而成为一种更为抽象的、与创造美好相关的社会技能紧密联系的社会象征。

图 1-2　六艺（石拓片）

当时的"六艺"内涵与我们今天的艺术内涵相差甚远,其中与今天的精致艺术形式最接近的"乐",也不是我们直觉上认为的"音乐艺术",而是脱胎于原始祭祀中的朝堂舞乐,象征着天地之"和"。但在对待美的态度,用自身所具有的社会技能改善社会生活的方法,两者在精神层面如出一辙。

中文中第一次出现"艺术"这个名词,是在《后汉书》中。但在其中的语境下,它是一个"艺"加"术"的复合词,仍然是指技艺,只是在沿袭儒家提出的"艺"含义基础上容纳了更多行业的技艺。由于儒学在发展进程中,逐渐聚焦于研究学术经典,"六艺"逐渐开始流于形式,并逐渐沦为与工匠一个层级的尴尬存在。即使是在盛唐,如吴道子、公孙大娘、阎立本等现在我们所熟知的古代艺术家,在当时的社会地位都不是很高,更多地被归到"技术工匠"一类的社会角色中。

图 1-3 吴道子《八十七神仙卷》局部

直到"五四"运动前后,中国开始引入 art,也就是我们现在所指的艺术,但当时常常把 art 译作"美术",也就是"创造美的技术",依然沿袭着自商代开始的"中国的美的精神"。后来,中国社会生活中的美术主要内涵开始变为以绘画、雕塑为主题的"造型艺术"。为了更好地区分两个概念,文化界正式把 art 翻译成"艺术"。

在相当长的时期内,我国对艺术的研究与教学,几乎完全是对西方艺术进行亦步亦趋的模仿。在新中国成立后,随着党和政府对各种民间艺术形式的挖掘,中国现代化的艺术体系一点点建立起来,并逐渐开始产生一定的世界影响力,为艺术内涵在新时代的发展做出积极的中国贡献。

二、艺术概念在西方的历史发展

艺术概念的形成,在西方的情形同遥远的东方几乎完全一样。在很早的时候,古代西方人也把艺术归入一般技艺之中,认为创造美的技艺就是艺术。

据《古代美学》(波兰美学家塔塔科维奇作品)一书中的观点,希腊人赋予 techne 这个术语——我们译为"艺术"——以比现代意义上的艺术更为广泛的含义。这个词有三种含义:

① techne指"生产",并延伸为几乎一切含目的的行为。诸如盖房造船、驯养动物、读书写字、农业种植、布料纺织、医疗、治理国家、军事活动,乃至于魔法、巫术都是艺术。只要是可学的而非本能的技巧和特殊才能,都可叫"艺术"。② 当时的学术行为。当时最为流行的学术是算术、几何等数学技能是计算艺术,医学、动物学、占卜术等也被归类为艺术。③ 现代含义上的艺术。

图1-4　古希腊雕塑《拉奥孔》

这种情况与春秋时期儒家提出的"六艺"极为相似。而这种相似性表明,在人类社会文明的较早阶段,艺术普遍没有从人类的其他活动中分离出来,而是一种基于个人感情体验,对于创造美的技艺的概括性的、不精确的描述。

到了中世纪,受宗教统治的约束,西方的艺术概念开始发展出两种含义:一种是文科艺术,包括修辞、逻辑、格律和语法;一种是高级艺术,指算术、几何、音乐和天文四大学科。其中一些当时被称为自由学科,但当时的艺术概念中并不包括绘画、雕刻和建筑。这些在当时的神权统治氛围中是核心的统治工具,扮演着儒家"六艺"的角色,被教士与贵族阶层垄断。

在文艺复兴时期,"艺术是一种创造美的高超技巧"的观念又得以重新恢复,但是艺术家因政治或经济上的需要,不得不依附于教育和贵族阶级,当时仍被视为工匠。比如达·芬奇、米开朗琪罗等人,现在我们眼中的他们是跨越时代的艺术大师,是具有广博人文知识的全才式艺术家,但当时他们的社会地位并不高。他们的实际创造行为都是按着委托者的表现要求和完成期限来工作,仍未出现"艺术"作为一门感性创造学科的特质。

直到17世纪,艺术这一术语才有了我们今天所理解的含义,即"美学"上的意义,艺术的内涵开始接近于我们今天的认知。18世纪,法国著名的启蒙学者狄德罗主编的百科全书中,艺术打破了原先的概念,开始成为一种包括绘画、雕塑、建筑、诗歌和音乐的给人以美感的事物。法国美学家夏尔·巴托(Charles Batteux)则进一步厘清概念,把传统意义上的艺术进行学术化分类:第一类是以满足人们的需要为目的的艺术,如农业、纺织等;第二类是以

图1-5 中世纪意大利壁画《狄奥多拉皇后与侍从》

图1-6 达·芬奇《抱貂女郎》

引起快感为目的艺术即"优美的艺术",它们联结了音乐、诗歌、绘画、雕刻和舞蹈;第三类是兼有效用和快感的艺术,如雄辩术和建筑。①

---

① 参阅卡冈:《艺术形态学》,三联书店1986年版,第53-54页。

"优美的艺术"这种并不单纯以技巧和实用功利为其特色的形态,在概念上明确地把"精神享受"称为艺术,打破了以实体为界限的樊笼,被认为是现代意义上艺术概念真正形成的标志。

对比中西方艺术概念的演变过程并结合近现代艺术发展史的现实,我们有了如下几个有趣的发现:

第一,艺术的内涵先于艺术的概念诞生。在现代意义上的艺术概念形成之前,就已经产生出、存在着后来被归到艺术这个概念之下的一大批人类创造物,如建筑、音乐、雕塑等。艺术概念的出现是为了适应社会发展的需求,有其历史必然性。

第二,艺术的概念本身就是历史的产物,不同时代有不同的艺术观念,不同区域的艺术也有不同的内涵。无论东方、西方,不同时代的艺术概念与内涵都是大相径庭的,并不存在适用于一切时代、一切文化的普遍的、永恒不变的艺术概念。

第三,从艺术概念的最初产生,到今日的蓬勃发展,艺术一直就与技术等实践性活动有着水乳交融的密切联系。需要特别指出的是,在近现代,西方"精英文化"试图将艺术作为一个独立的文化领域,这是一种完全错误的历史认知。要知道,艺术来源于生活,高于生活。不能只片面地强调"高于生活","来源于生活"也是重要的方面。虽然艺术有着从人类的其他活动中分离出来的强烈欲望和趋势,并天然拥有一定的"精英主义"色彩,艺术的技艺传授也日渐被专业化了,但艺术与日常生活从未脱节。尤其是在当代艺术的发展过程中,艺术同技术等实践活动的联系更为密切,并不断涌现出新的艺术样式,如影音艺术、动画艺术、电脑绘画等艺术形式明显是无法脱离社会生产环境而存在的。服务于资本的西方当代艺术常常将艺术视为"天才人物"的个人贡献,这明显是错误的,不符合事实的。随着时代的发展,艺术会逐渐形成与之前迥然不同的样貌,但这并不代表着艺术"消亡""死亡",而是一次又一次地涅槃重生,不断地开拓着自己的疆界,刷新着人们对艺术的概念进行新的思考。

第四,从艺术的发端到逐渐成熟,人们一直追求的"美"的精神从未改变。正是这种对美的追求,使得我们能够在纷繁复杂的艺术发展史中找到自己的审美定位,而不是迷失在五彩缤纷的艺术观念中。

第二节　艺术的本质

在第一节的内容中,我们已经了解艺术的概念是不断发展变化的,而对艺术内涵与概念的认识也常常因人而异。这就使得人们需要从哲学层面去了解艺术,只有分析出艺术的本质属性,才不会在不断发展的艺术中迷失自己。有趣的是,对于这个问题的研究,又产生了许多分歧,由此带来了许多新的问题。随着马克思主义唯物辩证法的诞生,最终解决了这些问题。

关于艺术的本质这个问题,艺术史上长期存在着"客观精神说""主观精神说""模仿说""表现说"等观点,最终统一于马克思主义的"特殊意识形态说"。下面,就让我们一起通过对这些观点的了解,来重走先辈们寻找这个复杂问题答案的精彩过程。

一、客观精神说

在很早之前,古人在哲学理念中虚构了一种"绝对客观的理性世界"(在东方语境中被称为"道"),不管是可以触摸的现实世界,还是在现实基础上再创造的"艺术世界",都是这个"理性世界"的摹本。就真实性而言,理性世界＞现实世界＞艺术世界。这种哲学观念试图从艺术中找到"深刻的普遍性",这种"深刻普遍性"的探讨往往与强化当时的阶级统治息息相关,充斥着"客观唯心主义"的味道。这种观念的提出与当时的政治环境息息相关,可以起到强化人们对"理性世界"认知、增强塑造"理性世界"群体社会话语权的作用。

在中国,这种观点的代表是南北朝时期的刘勰、宋代的朱熹。著有《文心雕龙》的梁朝重臣——刘勰认为"文"是"道"的表现,"道"是"文"的本源,于是自然推出掌握了"道"的文人士大夫阶层自然手握"文"(也就是艺术)的解释权的结论。宋代理学家朱熹在刘勰的基础上更进一步,认为"文"只不过是载"道"的简单工具,即"犹车之载物"罢了。这种基于统治者视角的说法,曾长期影响了中国古代艺术的发展,在唐朝以后成为中国艺术发展的一大障碍,直到"五四"运动后才被彻底打破。

与古代中国类似,这种观点也长期存在于古代西方。早在古希腊时代,柏拉图的一些观点就带有客观精神说的典型特征。柏拉图极度推崇"理性世界",认为理性世界是世界的本源,是驱动世界发展的第一性因素,是真实世界的本体;而现实世界是理性世界的摹本,是依附于理性世界存在的第二性;艺术则是"摹本的摹本""影子的影子","和真实世界隔着三层"。到了19世纪,德国古典美学集大成者黑格尔的观点与柏拉图的观点高度相似,同样认为"美就是理念的感性显现",对艺术的本质是"理念"或"绝对精神"的说法也与柏拉图大同小异。同时,黑格尔又与时俱进地用辩证法思想对艺术的本质进行了进一步解析:"理念"是内容,"感性显现"是表现形式,二者是统一的。艺术离不开内容,也离不开形式;离不开理性也离不开感性。在艺术作品,中人们总是可以从有限的感性形象认识到无限的普遍真理。

从中外"客观精神说"的具体表现中,我们可以看到一个很清晰的脉络——它是统治阶级实现文化垄断的一种表述,具有强烈的历史局限性。它在艺术发展的过程中虽然起过一定的促进作用,但很快就凸显出弊大于利的特点,开始成为艺术发展的桎梏。

二、主观精神说

在艺术史上,"主观精神说"与"客观精神说"先后诞生。与"客观精神说"不同的是,"主观精神说"更强调艺术家的自由发挥,而非对"绝对理性"的摹刻。他们往往认为艺术是纯粹由艺术家缔造的天才创造物,是一种"意志自由"的体现,不夹杂任何利害关系,不涉及任何目的。

在西方,这种观点产生了更久远的影响,也成为西方主流的艺术思想体系。其中,康德的思想被公认为是"主观精神说"在西方的源头。康德强调艺术创作中天才的想象力与独创性在使艺术达到美的境界中扮演的重要角色,成为西方"精英主义"的思想源头。进步意义的一面,他看到并强调了艺术中创作主题的重要性,并且把自由活动看作艺术与审美活动的精髓,体现出其思想的深刻之处;但这一套思想是建立在先验论的"唯心主义哲学"体系上,在相关论述中充满了似是而非的说辞,存在诸多矛盾之处。德国哲学家尼采在康德的基础上将这一观念推向极点,认为"人的主观意志是世界上万事万物的主宰,也是推动历史发展的根本原因"。主观意志被说成是主宰一切的独立实体,本能欲望被夸大为具有无限的能动性。显然,这与现实是矛盾的。

在中国,也有同样的现象。与刘勰同时期的一些文艺评论家,片面强调"情""志"在文艺创作中的作用，把艺术家个人的心灵和欲念的表现抬高到可以脱离现实而独立存在的高度，否定文艺与社会现实的联系。到了宋代，又有严羽的"妙悟"说与朱熹的理论交相辉映，认为创作如同参禅，"妙悟"可以凌驾于学习和总结之上。明代袁宏道的"性灵"说，同样把主观精神的表现和抒发当作文学艺术的本质特征。

结合历史来看，"主观精神说"是具有自由精神的艺术家在当时社会政治文化条件下进行文艺思想斗争的产物。虽然在一定程度上解放了文艺思想，却因为时代局限性而无法长期成为引领艺术向前发展的主流思想。

三、模仿说与表现说

模仿说又被称为"再现说"，认为艺术是对现实的"模仿"，或者是对"社会生活的再现"。与之相对的"表现说"，则认为艺术是对艺术家心灵的"表现"，是情感的自然流露。这两种说法的分歧，根源在于对艺术家与社会关系的认知不同。模仿说认为，艺术家依赖于社会生活，所表达的艺术内涵也就无法超脱社会生活，在一定意义上忽视了艺术与创作主体之间的关系，对艺术家的主观能动性认识不足；表现说认为，艺术是艺术家内心向社会生活的映射，强调了创作主体的能动性和组织性，却对生活对艺术的深刻影响认识不足。

这种说法出现较早，在各个说法中影响也最为长久。在远古时期，中国的先民就开始模仿鸟筑巢、兽挖穴的方法建造房屋，成为最早的建筑学起源；而在传说中，对于蜘蛛织网行为的模仿，被称为纺织行业的起源；在音乐方面，很多古老的唱腔都是模仿鸟叫、兽声发展而来的。在中国美学史上，也有关于模仿说的思想。"师造化""师自然""师物不师人"即主张模仿现实，而不是模仿别人的作品。

在西方，文艺复兴时的艺术巨匠达·芬奇在模仿说的基础上进一步提出了"镜子说"，模仿说也逐渐转化为"再现说"。"镜子说""再现说"的出现与当时的科学进步有重要关联，从宗教思想中解放出来的一大批艺术家开始大胆使用科学工具，把"模仿说"在具象模仿的基础上，往抽象模仿层面进行了大胆而又成功的尝试。由此，"再现说"开始成为西方文艺创作的重要底色，全面而深刻地影响了欧洲的文艺理论。但是，它把模仿归结为人的"天性"和"本能"，没有从社会实践角度来阐明模仿的动机，更没有说明模仿与创造的本质区别。因而，它是一种有足够实用性，但不够科学的艺术创作理论。

在"再现说"发展成熟后，一种与之相对而又更加抽象的"表现说"，开始登上历史舞台。最早正式提出表现说的是法国魏朗（Eugenc Véron，1825—1889），他在《美学》（1873）中把艺术界定为"情感的表现"，认为艺术的价值全在于其表现情感的范围的广度和深度，伟大的艺术是伟大灵魂的回声，这是艺术与科学的主要区别。在他之后，俄国托尔斯泰在《艺术论》（又译《什么是艺术》，1898）中对魏朗的看法提出异议，认为如果只表现情感而不传达情感，依然算不上艺术，艺术起源于一个人为了要把自己体验过的感情传达给别人，于是在自己心里重新唤起这种感情，并用某种外在的标志表达出来。20世纪初，抽象艺术的先驱、美术理论家康定斯基则从绘画角度系统地论述了表现说，认为艺术作品的内在的因素是艺术家灵魂中的感情，失去了这种感情艺术就无法成立；这种感情的奇妙之处就在于能够激发观众同样的感情，在美术构图中要显示的东西不能局限于美学直觉而进行简单的推敲，将艺术家充沛的个人感情融入其中更为重要。

可以说，表现说代表了人们认识艺术的一个高度，在艺术发展的历程中有着不可磨灭的贡献。表现说的出现与发展，使得广大的艺术家群体逐渐从旧认识的桎梏中解脱出来，进一步开拓了人们对艺术本质的认识，对探讨情感在艺术创作中不可取代的地位、扩大艺术的表现领域和审美功能、寻求新的艺术表现手段有不可替代作用。它对浪漫主义艺术的发展、对现实主义的演变、对近代美学和艺术尤其是现代派艺术的发展影响很大。表现说的文学观不仅重视主体和情感，而且突出了个性、天才、想象等因素在文学构成中的作用。同时需要指出的是，它也有其局限性，尤其是忽略了生活对艺术的最终决定意义，弱化甚至无视了艺术对生活的依赖关系。

四、特殊意识形态说

十九世纪，随着科学与哲学系统的高度发达，一种能够同时容纳并解析以上所有艺术本质解释的新学说诞生了，它就是马克思主义对艺术本质的论断——特殊意识形态说。

马克思主义学说认为，人类的社会生活分为物质生活和精神生活两大类，这两者之间是相互作用、紧密联系、辩证统一的。从根本上说，物质决定精神，存在决定意识，物质生活也就决定了精神生活的样貌。而这又不是绝对的，是辩证的，精神生活会对物质生活产生一定的反作用，具体的表现主要就是社会意识形态。物质生活与精神生活共同作用，形成了美丽多彩的社会生活。社会生活中存在着诸多的社会意识形态，艺术就是其中的重要一环。

在马克思主义学说中，艺术作为一种社会意识形态，是人类认识和把握社会生活的一种形式，和其他社会意识形态、形式一样，以社会生活为对象，是对社会生活的一种反映。

这种说法在充满了哲理、富有思辨魅力、让人难以辩驳的同时，又脱离了一般人的生活体验，使得一般人难以理解。下面，我们从五个层面由浅入深展开论述这一观点，以帮助大家理解。

1. 直接反映现实生活的艺术作品

在艺术作品中，存在着大量直接反映现实生活的案例。这些艺术作品以现实生活中的人物和事件为描写对象，内容一般直接来源于社会生活，艺术的加工只是略加升华，很大程度上保留了现实的人物和事件的原貌，是对社会生活真实、具体的反映。对于我们中国人来说，这类艺术作品有很多，比较耳熟能详的有油画《开国大典》、人民英雄纪念碑上的中国革命史浮雕、大型音乐舞蹈史诗《东方红》，等等。这些艺术作品所表现的内容都同现实生活直接相关，是现实生活的真实写照与杰出艺术家的创造性加工共同缔造的艺术作品。

2. 抒发艺术家个人情感的艺术作品

这类艺术作品主要以抒发艺术家个人情感为特色。在艺术家充沛感情的影响下，艺术作品表现出的形象与客观社会生活中的样貌相比，有了很大的改变，被赋予了浓厚的个人感情色彩。究其根本，艺术家在艺术作品中表现的感情发生的根源仍然存在于客观的社会生活中，这类艺术作品是社会生活的一种曲折含蓄的反映。

从表面上看，这些作品只是艺术家个人的情感。例如，在音乐中广泛存在的"思乡题材"，抒发的是离乡思亲的人生感怀。其实，每一首成功的思乡曲背后都是当时的社会环境、社会生活方式变化及族群迁徙给人群造成的情感痛苦。虽然是音乐家在特定情景下表现自己情感的产物，但它们往往能够感动千百万听众，引起人们的共鸣。这种情感的个体性同人类情感的共同性是相通的，它们表达的"人之常情"是属于整个社会和全人类的。

3. 描写自然景物为主的艺术作品

在描写自然景物为主的艺术作品中,也都掺入了艺术家的情感、理念,是社会生活的间接反映。在我国的艺术门类中存在大量此类作品,如王维的山水诗、杨丽萍的孔雀舞、徐悲鸿的奔马图、齐白石的虾趣,等等,都是典型代表。从表面上看,这类艺术作品似乎远离人们的社会生活,其实这些艺术作品本身就扮演着服务于社会生活的角色。这些艺术中表现出对自然的赞美,不是原始自然的再现。而原始自然在这类艺术创作中扮演了素材的角色。自然表现出来的近乎无穷的素材,经过艺术家的筛选、加工,之后融入了艺术家的审美理想和思想情感,才形成了艺术作品。所以,这类艺术作品是艺术家思想外化的媒介,是人类心灵的一种表现方式,是社会生活的反映,同时又对社会生活起着美化的作用。

4. 以超现实的、虚幻事物为对象的艺术作品

在艺术世界中有大量超现实、虚幻的内容。在传统文化中,具体的有《山海经》中对各类珍奇异兽的描述、音乐《百鸟朝凤》中对凤凰这种神话动物的赞颂等;吸收传统文化中艺术形象发展出的各类影视作品及游戏作品中的形象,更是数不胜数。

如果把这些形象的诞生认为是艺术家的纯粹想象,与现实生活没有任何关联,是不科学的。艺术创作不是凭空想象的,是遵循着科学规律的,一切艺术成果都是社会生活的反映。只是这些超现实的虚幻事物被艺术家刻意扭曲了,形成了一种光怪陆离的形象。循着这一脉络,我们会发现不管是神仙鬼怪,还是珍禽异兽,都是艺术家对现实生活中常见事物形象的变形、重组,并遵循着一定的内在逻辑。

如在清代蒲松龄的作品《聊斋志异·崂山道士》中王生的魔幻经历,就非常具有代表性。故事的开篇介绍王生出身大世家,排行老七,隐晦地交代了他是一个不受重视的孩子。讲述了他是一个喜好"道术"的人,只是因为听说"崂山多仙人"就"负笈往游",点出了王生的天真与不靠谱。在遇到老道士后,老道士怀疑他是否能吃苦,而他信誓旦旦说自己"能之",结果

图1-7　木偶动画剧《崂山道士》剧照

负责砍柴"过月余"就"阴有归志",吃不了苦想跑,更强化了他的不靠谱。接着,神奇的事情发生了,老道士在招待客人时"剪纸如镜"引来月光,拿出一壶怎么也倒不完的美酒,还用一根筷子招来嫦娥献舞,最后还与客人一起进入月宫中畅饮。见识到老道士真本事的王生,赶紧打消了跑路的念头,又砍了一个月柴。这次,再也忍不住的王生就向老道士哭诉,并让老道士"略授小技"以犒劳自己这一段时间的辛苦。老道士于是传授了王生"穿墙术",并告诫他"归宜洁持",也就是回去后要自洁自爱,否则"法术"就不灵了。拿了老道士给的路费回去后,王生忍不住卖弄,在妻子面前出了大丑,结果不仅没有穿墙成功,反而头上被撞出一个巨卵一般的大包。

这个故事的最后,蒲松龄用"异史氏"的名义揭露了他对那些常见事物与形象进行了变现与重组:"闻此事未有不大笑者;而不知世之为王生者,正复不少。今有伧父(古语中指无耻匹夫),喜疢毒而畏药石(指喜欢阿谀奉承而不喜欢直言忠告),遂有舐痈吮痔者(指势利小人),进宜威逞暴之术,以迎其旨,诒之曰'执此术也以往,可以横行而无碍',初试未尝不小效,遂谓天下之大,举可以如是行矣,势不至触硬壁而颠蹶不止也。"而结合全文看,蒲松龄讽刺的是欲望远大过自身能力、意志力不坚强、一心想走捷径的社会人群,这一类人往往内心充满着享受的欲望,最终却只能在现实面前屡屡碰壁。这种讽刺是如此强大,以至于拥有了穿越时空的力量,时至今日依然使我们惕励自省。

5. 以前人资料、作品为题材的艺术作品

我们可以称这类作品为"在之前艺术基础之上建立的艺术"。这种艺术形式看似"躲进小楼成一统",实则不然。追根溯源,这类作品同过去以及当代的社会生活都有着密切的联系,不可能真的脱离现实而独立存在。

首先,从源流关系来看,前人留下的作品、资料、史料等,只能是艺术大家庭中的一个"流",而无法成为一种新艺术形式的"源"。它是前人彼时彼地生活的真实反映,是前人吸取了生活之"源"后创作整理出来的成果。从这些史料、作品最早的来源来说,仍然离不开当时的社会生活。后世的艺术家从中寻找资料或灵感时,实际上也间接地体验了彼时彼地的生活。

其次,从个人体验角度而言,后世的文艺家虽然取材于前人的资料、史料和作品,但作为艺术创作活动重要元素的生活基础、人生经验、情感理想等却无一例外来自艺术家的现实生活,与当前时代有着不可分割的紧密联系。作品中灌注的情感也必然是艺术家对他亲身体验的现实生活的理解,而无法照搬古人的想法。也就是说,艺术家取材前人资料、史料和作品的过程中,只是借历史材料表达艺术家对自己所处社会环境的看法,体现的是新的时代精神,而非对之前时代的单调重复。

以上五种艺术作品的形式,基本上包括了艺术发展与诞生的直接来源,都与现实生活有着千丝万缕的联系。不同文艺种类、反映对象、材料来源,都不能割裂艺术与现实生活的关联。一切艺术形式不管传达的内容有多么复杂丰富,外在表现形式有多么离奇抽象,都来源于普通人同样能触及的社会生活,只不过普通人不具备足够的敏锐感知与艺术表达能力。艺术家在对社会生活充分了解的基础上,方能直接或间接、曲折或明显地创作出优秀的艺术作品。于是,艺术就有了鲜明的社会意识形态特征。

社会意识形态包含的类型很多,政治、法律、哲学、宗教、道德等都属于它的范畴,艺术也位列其中。马克思主义学说中,将艺术的本质归类为一种社会意识形态,是科学而又严谨的论断,是人类有史以来最准确、最完整的描述。艺术作为一种社会意识形态,又有其特殊性。它的特殊集中表现在"审美性"层面,也是区分于其他社会意识形态的根本特征。所谓审美性,是指艺术对社会生活的反映是建立在审美的基础之上,艺术家在创作的过程中是采用一种审美的方式去认识生活、审视社会、反映现实。

这种审美性贯穿于艺术创作的全过程,渗透于艺术作品内容和形式的方方面面。艺术家把社会生活作为一种审美对象去把握,着力发现、发掘现实中一切美的因素,即使是现实中丑的事物,也要通过艺术家审美理想的烛照,揭示其丑的本质,从而达到对美的颂扬。在反映社会生活时,艺术家更需要处处遵循美的规律和准则,创造出能供人美感享受的优美的艺术形式。由此可知,对艺术本质的科学论断,只能是马克思主义的"特殊社会意识形态"论,艺术既是对社会生活的反映,又属于上层建筑领域的一员。同时,艺术又是一种特殊的意识形态,它对生活的反映是建立在"审美"基础之上的,艺术的本质属性就是"审美性"。

第三节 艺术的特征

在前面两节的内容中,我们认清了艺术的概念和本质,已经初步建立了对艺术的科学认知。但如果想要更全面地了解艺术,还需要对艺术的特征进行深入的了解。

艺术的特征是艺术本质的延伸,二者是密不可分的关系。本质是特征的内在规律,特征是本质的外在表现。艺术作为一种特殊的社会意识形态,艺术生产作为一种特殊的精神生产,决定了艺术必然具有形象性、主体性、审美性等基本特征。在艺术鉴赏的过程中能否抓住这三个基本特征,是对艺术鉴赏者艺术素养的最大考验。

一、艺术的形象性

作为一种艺术,首先要有一种能够展现在世人面前的形象,使自身能够被感知到,这种形象就是艺术形象。按照艺术形象被艺术受众感知的形式,艺术形象可以分为视觉形象(绘画、雕塑等)、听觉形象(音乐作品、口头文学等)、文学形象(诗歌、散文、小说等文学作品)和综合形象(舞台剧、影视剧等)。在艺术鉴赏的过程中,对艺术形象的认识与解读是主要内容。

需要指出的是,对任何艺术形象的解读都不应该单凭个人的感受做武断的判定,应该用更科学的视角进行分析并获得更全面的认知。一般来说,我们可以通过对艺术形象"三个统一"的认识来解读艺术形象,也就是客观与主观、内容与形式、个性与共性的分别统一。

1. 客观与主观的统一

在认识艺术作品中表达的形象时,首先要解决的就是对其中所表达的现实成分与主观加工成分进行甄别。一般来说,艺术形象的现实成分主要解决"形似"的问题,而艺术家的主观加工则赋予了"神似"的境界。绘画大师张大千对绘画艺术提出的"在像与不像之间",用非常精到的语言表达了这种形神兼备的统一性。

通过对这种艺术形象客观与主观统一的理解,我们就能懂得艺术家是如何拿捏好"像"与"不像"之间的分寸劲头并创作出优秀作品的。传神的艺术作品不但反映了对象的本质特征,而且表现了艺术家对生活、形象的理解,传达出艺术家丰富多彩的内心世界。在这方面

图1-8 八大山人《孤禽图》

具有代表性的是八大山人朱耷创作的写意花鸟画中一系列翻白眼的鸟兽鱼虫的形象,表现出了八大山人对自身际遇和当时社会现实的不满与调侃。而在现代生活中,网络表情包也被网民玩出了新的花样。

2. 内容与形式的统一

内容和形式是艺术鉴赏中离不开的话题,也是艺术教育中的核心部分。在艺术鉴赏中,作品的形式是艺术作品内容的具体存在方式,主要指结构、艺术语言、艺术手法、类型体裁等,是组织结构与艺术语言的统一。艺术作品形式的含义有两个方面:内容诸要素的组织和结构,通常叫组织结构,它是艺术作品的内形式;艺术作品内容的表现方式,叫艺术语言,它是艺术作品的外形式。

艺术形象的内容,分为艺术题材和艺术主题两个方面。艺术家在他所创作的艺术形象中描写的现实生活,是内容的客观因素,称为艺术形象的题材。艺术形象中对题材及其意义的认识与评价以及由此产生的思想感情,是通过艺术形象显示出来的主要思想,是内容的主观因素,称为艺术形象的主题。

从艺术创作角度看,内容先于形式、决定形式;从艺术鉴赏角度看,形式先于内容、决定内容;从本质上讲,形式与内容是辩证统一的,不存在谁决定谁和谁先谁后的关系,而是在矛盾统一中寻找最佳契机,共同表现。任何艺术形象都离不开内容,也离不开形式,二者是有机统一的。

在艺术鉴赏过程中,我们常常过于重视艺术形式,轻视艺术的内容。固然,同样的内容因表达方法的不同,所产生的审美体验也极为不同,在这奇妙的过程中起到最大作用的是艺术形式。但艺术形式之所以能感动人、影响人,是因为这种形式最能生动鲜明地体现出深刻的思想内容。

关于二者之间的关系,东晋时期的绘画大家顾恺之指出的绘画要"以形写神",是艺术史上最早且精准的艺术理论。

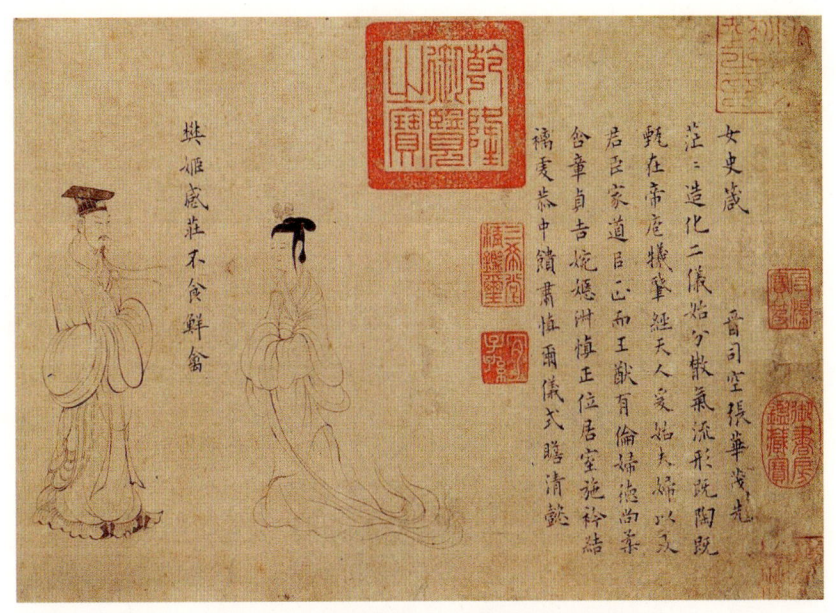

图 1-9　东晋顾恺之《女史箴图卷》局部

3. 个性与共性的统一

如何处理好个性与共性的关系，是艺术创作过程中的难题，也是艺术鉴赏过程中的一个难题。在非学术性的艺术鉴赏过程中，自发的艺术鉴赏行为往往非常重视艺术作品中对艺术形象的个性表达，而对艺术形象体现出的集体共性缺少共鸣。

以鲁迅先生塑造的"阿Q"这一艺术形象来说，一般人在自发的鉴赏过程中，往往只能看到旧中国农村一个贫苦落后又不觉悟的农民形象，而看不到那种超越族群、国别乃至时代的人性弱点。

从个性与共性两个方面进行分析，我们就能发现一个艺术家对艺术形象的精心构建。阿Q身上最突出的特性，就是他的"精神胜利法"，明明在现实的生活中遭遇了许多屈辱和不幸，却习惯于自我欺骗、自我麻醉的奴性心态。这种"精神胜利法"可笑而又可悲，它是阿Q麻木、愚昧、落后的精神状态的集中反映，也是他长期遭受无法摆脱的屈辱和压迫的结果。将视野拓展开来，我们能从阿Q这个艺术形象发现许多存在于人性中的共性：首先，这个形象是当时中国在长期的半殖民地半封建社会下广大社会群体的精神状态；其次，这个形象是世界上"一切在失败后不断自我安慰来逃避现实的人群"的共性。这种个性与共性在一个艺术形象上的高度统一，是阿Q这个艺术形象成为世界文学史上一个经典形象的主要原因。

图 1-10　鲁迅先生

二、艺术的主体性

在艺术形象背后，是艺术家的创造性发挥，这就导致优秀艺术品的创作与鉴赏过程中存在着强烈的主体性。这种主体性作为艺术的基本特性之一，体现在艺术生产活动的全过程中，包括艺术创作、艺术作品和艺术鉴赏。

1. 艺术创作的主体性

艺术创作主体性表现在艺术家创作活动中所发挥出的能动性和独创性。每一件优秀的艺术作品，总是凝聚着艺术家独特的审美体验和审美情感，带有艺术家个人的主观色彩与艺术追求，体现出艺术家鲜明的创作风格和艺术个性，具有强烈的创造性与创新性特色。每个艺术家在一个相对固定的阶段内，所表现出的主体性是有脉络的。通过对这种脉络的研究，我们可以更清晰地了解艺术家在创作过程中的所思所想，也就更能领会艺术作品的独特之处。

2. 艺术作品的主体性

当艺术作品被完成后，它就开始成为一个独立的存在，具有主体性。而真正理解这种主体性，我们需要从艺术作品本身和艺术作品中的艺术形象两个层面去做思想建设。

首先，艺术作品中所描绘的生活寄寓了艺术家丰富的思想内涵、情感愿望、价值取向和审美追求，是艺术家内在精神世界的客体化表现。这种表现在作品完成之后就与艺术家的个人意趣割裂开来并在作品中固定下来。从这个角度看，已经完成的艺术作品不是艺术家的附属物，已经不随艺术家的意志而转移，表现出强烈的主体性。

另一方面，艺术作品中所刻画的艺术形象本身也具有主体性。一旦作品被创作完成，这些艺术形象就被固定下来，千姿百态、喜怒哀乐、爱恨情仇都被固定在艺术作品中，所表达出的信息不以艺术家的意志而转移，表现出主体性的特点。

3. 艺术鉴赏的主体性

与前面两种主体性相比，艺术鉴赏表现出的主体性更为明显。"一千个人心中有一千个哈姆雷特"，指的就是这个现象。进行艺术鉴赏行为的每个个体，会因为知识水平、个人意趣、性格、情绪起伏、社交需求等复杂的因素，在艺术鉴赏过程中"千人千面"。在鉴赏过程中，合理使用这种主体性，已经等同于新的艺术创作。但如果使用不当，就会陷入"为了批评而批评"或"为了赞美而赞美"的误区，无法获得完整的审美体验。

在艺术鉴赏的过程中，对主体性的研究是一个重要的过程，能够帮助我们更准确地了解艺术家创作艺术形象过程中的所思所想，懂得艺术作品中的各类艺术形象中蕴含的社会现象，从而避免鉴赏者通过自己的意志片面理解艺术作品的情况。同样的，在艺术鉴赏的过程中，艺术家也无权对鉴赏者进行粗暴干涉，要充分尊重鉴赏者的主体性。

三、艺术的审美性

艺术的第三个基本特征就是审美性，也是艺术区别于其他社会意识形态的主要因素。艺术的审美性有三层含义，分别是人类审美意识、真善美的结晶、内容美和形式美的统一。

1. 人类审美意识的集中体现

作为一种特殊的社会意识形态，艺术的审美性是人类审美意识的集中体现。人类审美意识的产生和发展是一个漫长的过程，与人类的社会实践发展高度相关。最早，人类审美的对象更多集中于自然物上,用质朴的绘画和嗓音表现人们对自然造物的感情。但随着时代的发展,人们创造出了越来越多的新物品来服务生活。这些具有实用功能的物品,又在漫长的历史发展过程中,完成了由实用向审美的过渡,艺术也正是在这一进化历程中产生并发展起来的。

例如,兼具实用和审美趣味的紫砂壶深受人们喜爱,涌现出许多著名的制壶大师,如顾景舟先生。他创作了诸多经典壶型,制作的紫砂壶有着东方传统美学内涵。见图1-11,此壶胎体十分细腻,壶风素淡,造型隽永沉稳,浑朴大气,充分体现出艺术家的审美情趣。

图1-11 顾景舟先生《双圈壶》

艺术发展到今天,已经比现实生活中的美更加集中,更加典型,能够更加充分地满足人的审美需要,成为人类审美活动的最高形式。由此,艺术就成为人类审美意识物质形态化的表现。

2. 真、善、美的结晶

在艺术鉴赏过程中,我们能够很清晰地得到一个答案,那就是在同一时代背景下,艺术美给人带来的美感明显高于现实美。这也是艺术在社会生活中的存在价值,如果一种艺术不能达到这个基本要求,就无法立足,会迅速走向消亡,消失在历史的大浪淘沙之中。

艺术美之所以高于现实美,是艺术家的创造性劳动把现实生活中的真、善、美凝聚起来,形成了比现实原型更有审美效应的艺术形象。这些生动鲜明的艺术形象能刺激艺术受众的感官,直接引发美感。人们在欣赏艺术作品时深受触动,背后是与艺术形象中已经融合的真、善、美的内涵进行共鸣。

需要指出的是,艺术中的"真"并不等同于生活真实,而是要通过艺术家的创造性劳动,通过提炼和加工,使生活真实升华为艺术真实,也就是在"真"中蕴含"美"。而艺术中的"善"也并不是道德说教,同样要通过艺术家的精心创作,使艺术家的人生态度和道德评价渗透到艺术作品之中,也就是化"善"为"美",创造出生动感人、有血有肉的艺术形象。

艺术作品在创造过程中难免会涉及很多假、恶、丑的艺术形象,那么我们该如何认识这些看似与"真善美"背离的形象呢?在生活中,我们可以很直观地认识到"丑"的东西更能凸显出"美"的可贵,在艺术作品中也是同样的道理。如果艺术中缺乏"丑"进行对比,"美"也往往沦为空洞的展示与说教,缺乏更多的层次感。正是出于这种考量,艺术家往往并不排除将生活中"丑"的东西加入自己的作品当中去。但这种加入不是简单机械的,而是要经过艺术家的仔细加工与提炼,要经过艺术家的创造性劳动,将生活中的"丑"所具备的审美特征与在内容层面扮演的功能体现出来。由此可见,无论是生活中的美的现象还是丑的现象,艺术表达中永远考虑的是它们的审美性,有所区别的只是在审美表达中的用途罢了。无论正用,还是反用,都是为了创造艺术美。于是,艺术作品中"丑"的形象的塑造,与其中的真、善、美形成鲜明的对照,不仅没有破坏艺术作品的美感,反而在对比中加强了真、善、美的艺术感染力,使艺术作品的审美层次大大拓展。于是,社会事物本身"丑"的性质并没有变,但是作为艺术形象的它

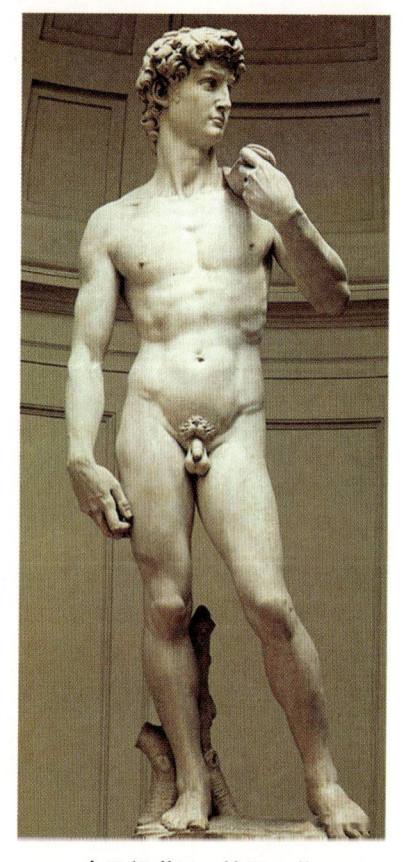

图 1-12 米开朗琪罗·博那罗蒂《大卫》雕像

在艺术作品中具有了一定程度的审美意义。综上,在艺术作品中有假、恶、丑的艺术形象,与"艺术的审美性是真、善、美的结晶"这一论断并不矛盾,反而是一种十分有益的补充。

3. 内容美和形式美的统一

艺术美与自然美最大的区别之一是注重形式,艺术的形式美使得艺术具有了丰富的人文特征,也是区别于其他创造美的活动的重要方面。每种艺术都有自己特殊的形式美,各种艺术在长期的历史发展中,每个艺术门类在运用形式美的规则方面,已经积累了许多宝贵的经验和规律。这就更使得艺术工作者在对形式美的追求上孜孜不倦,力图寻找区别于其他艺术门类的形式美。但需要注意的是艺术的形式美并不脱离内容,而是与内容美的有机统一。这是因为艺术家们在自己的创作实践中,要想不断探索和寻找美的形式,能且只能从内容出发去选择最恰当的形式以加强美和艺术的表现力。正是因为内容美和形式美的统一性,才使得艺术的形式美日益丰富和发展,使得越来越多的社会内容被纳入艺术表达的范畴。

图 1-13　文森特·威廉·梵高《天空下的柏树》

思 考 题

1. 导致艺术概念模糊化的最主要原因是什么？我们又该如何抓住自己的审美定位？
2. 马克思主义学说为什么强调艺术的本质是"特殊社会意识形态"？这种说法的合理性有哪些？
3. 艺术的三大基本特征分别是什么？
4. 请借鉴第二节中关于《聊斋志异》如何反映现实问题的方法，举例说明当下幻想类小说中是如何表现社会现实问题的。
5. 请举例说明艺术中对"丑"的应用及产生的艺术效果。

课 外 延 伸

1. 调查当下网络流行的"表情包文化"，并试着寻找其中被引用的知名艺术作品。
2. 寻找10种以上的紫砂壶造型，从艺术特征的角度对它们的艺术水准进行排序并给出理由。
3. 图书馆查阅资料，比较中外艺术发展史的异同，尝试理解中西方艺术审美上的差异。

第二章　千姿百态的审美世界

通过上一章的内容学习,我们已经基本建立了艺术的概念,懂得了艺术的本质。那么,在这一章的内容中,我们一起来了解艺术分类相关的知识,进一步系统地获取艺术相关的知识,以帮助大家尽快从经验性的浅层次艺术鉴赏中进入自觉并系统性艺术鉴赏的佳境。

首先要明确一个概念,对艺术进行分类是人类知识的需要,也是我们进行艺术研究的基础。在学术实践中,如果我们没有对艺术进行科学分类,就无法清晰有效地进行相关工作。在不同的历史时期,人们提出了各种标准来对艺术进行分类,产生了纷繁复杂的艺术分类体系。因此,掌握一定的艺术分类知识,就成为艺术鉴赏的必备功课之一。

第一节　艺术分类的方法

对艺术进行分类,是对复杂艺术系统进行鉴赏的重要前提。进行这个工作的过程,也就是建立"度量衡"的过程。首先要确定的是衡量的尺度。在古代中国,人们使用粟粒重量、手指长度、手臂长度、步幅大小等作为基础尺度,建立了复杂的度量衡系统。这套度量衡系统时至今日还在我们的生活中发挥着重要的作用,如裁缝行业中"市尺"的概念就是在这套系统的基础上依据国际单位修正而来。这些度量衡如米与英尺、千克与市斤与磅之间虽然可以等价转换,但表现在产业发展和社会文化上却呈现出完全不同的风貌。可以说,一套度量衡系统一旦确定,就会给后世造成长远的影响。

图2-1　商鞅方升

与之相似,对艺术分类进行研究的中外先辈使用"艺术形态的物质存在方式"与"审美艺术物态化的内容特性"作为基础尺度,来对艺术进行种类划分。然后在这个基础上,提出不同的观点,把各种艺术形式归成一种类别,进行艺术创作与传承的社会管理工作。

不同的人对艺术的理解不同,尤其是对艺术侧重点认知不同,也就导致了不同的艺术分类体系出现。奇妙的是,不同的艺术分配体系却遵循着同样的规则——统一性原则和稳定性原则。统一性实质上是指分类标准的单一性,对艺术进行分类的时候,运用的分类标准只能是单一的,如果出现交叉或重叠的现象就会使得艺术分类变得芜杂而难以使用。而分类标准的稳定性更主要强调从历史尺度审视,因为艺术分类标准的稳定,才能带来人类识别艺术类型的稳定,也才能分门别类地进行艺术的实践。

依据这两个原则,选择不同的切入口,从事艺术研究工作的前辈们总结出了以下六种艺术分类方法。

1. 以艺术形象的存在方式分类
(1) 时间艺术:音乐、文学;
(2) 空间艺术:雕塑、绘画;
(3) 时空艺术:戏剧、影视。

2. 以艺术形象的审美方式分类
(1) 视觉艺术:绘画;
(2) 听觉艺术:音乐;
(3) 视听艺术:戏剧。

3. 以艺术作品的内容特征分类
(1) 表现艺术:音乐、舞蹈、建筑、抒情诗等;
(2) 再现艺术:绘画、雕塑、戏剧等。

4. 以艺术作品的物化形式分类
(1) 动态艺术:音乐、舞蹈、戏剧、影视等;
(2) 静态艺术:绘画、雕塑、建筑、实用工艺。

5. 欧洲新兴的分类法
(1) 视觉艺术:绘画、雕塑、摄影艺术、建筑、工艺,以及现代艺术设计、广告艺术、电影艺术、计算机三维动画等;
(2) 表演艺术:音乐、舞蹈、戏剧、音乐剧等。

6. 根据艺术的美学原则分类
(1) 实用艺术:建筑、园林、工艺美术与现代设计;
(2) 造型艺术:绘画、雕塑、摄影、书法;
(3) 表情艺术:音乐、舞蹈;
(4) 综合艺术:戏剧、戏曲、电影艺术、电视艺术;
(5) 语言艺术:诗歌、散文、小说。

在艺术鉴赏活动中最常用也最恰当的艺术分类方法是第六种,也就是根据艺术的美学原则划分艺术门类。其余五种分类法则较少在艺术鉴赏中使用,更多地服务于艺术从业人员。

第二节　各类艺术的种类与审美特征

依据艺术的美学原则划分的五大类艺术中,每一个门类又包含数个小类。这些小类在审美上有诸多共通之处,却又存在许多不同。下面,我们简单介绍一下这些小类的具体概念与审美特征,以加深大家对艺术概念的认识。

一、实用艺术

(一) 实用艺术的种类

1. 建筑艺术

这里所说的建筑特指建筑物和构筑物,是人类用物质材料修建或构筑的居住和活动场所。它是一种实用与审美相结合,以形体、线条、色彩、质感、装饰、空间组合等为艺术语言,建构成实体形象的造型与空间艺术是其主要社会功能。按照功能不同,建筑又被进一步分为民用建筑、公共建筑、娱乐建筑、工业建筑、宗教建筑、纪念性建筑等类别。不管是哪种建筑,都要遵循三条基本原则:实用、坚固、美观。

图 2-2　安东尼奥·高迪《米拉之家》外部

建筑的艺术语言和表现手段包含空间、形体、比例、均衡、节奏、色彩、装饰等,非常繁杂而微妙。空间是建筑的基本形式要素,建筑艺术就是要巧妙地利用空间、创造空间来增强建筑艺术的表现力;形体是建筑物的总体轮廓,建筑设计师通过线条和形体、空间和实体的不同组合方式,达到与环境的和谐统一,使得建筑物在社会空间中具有鲜明的个性色彩和艺术感染力;比例是建筑物各部分之间的比例关系,建筑物长与宽、虚与实的比例都直接影响建筑的美;均衡是建筑物在构图上的对称;节奏是通过建筑物的墙、柱、门、窗等构成部分有规律的变化和排列,产生一种韵律美或节奏美;色彩与装饰又进一步增加了建筑的审美纵深。

在建筑鉴赏的过程中,通过体悟这些艺术语言和表现手段,我们能获得类似于音乐鉴赏的体验。从音乐视角审视,建筑可以看成是凝固的音乐;从建筑视角审视,音乐也可以看成是流动的建筑。

2. 园林艺术

园林艺术是一种依照美的规律来改造、改善或创造园林环境,使之更自然、更美丽、更符合时代与社会审美要求的艺术创造活动。园林不单是一种艺术形象,还是一种物质环境,园林艺术是对环境加以艺术处理的理论与技巧。它是与功能相结合的艺术,是有生命的艺术,是与科学相结合的艺术,是融多种艺术于一体的综合艺术。

图 2-3　苏州园林局部

园林艺术是一个文明体发展到一定高度后必然出现的硕果。在古代文明程度最为发达的亚欧大陆上形成了世界三大园林体系,即东方园林(以中国园林为代表)、欧洲园林(以法国园林为代表)和阿拉伯园林。这三大园林体系各具特色,都具有极高的艺术性和观赏性,其中又以中国园林起源最早,艺术水准最高。中国园林从殷、周时代君王行猎与游玩的"囿"出现算起,到现在已有三千多年的历史,是世界园林艺术起源最早的国家之一,在世界园林史上占极重要的位置,并具有极其高超的艺术水平和独特的民族风格。中国园林最突出的特点是强调天人合一,用人工设计的方式营造一种"不是天然,胜似天然"的艺术效果。

具体来说,中国园林又可分为北方大型皇家园林与江南小型私家园林两大体系。这两大体系都是我国古代人民在对自然美、建筑美、文化美深入理解的基础上逐步形成的,其中包含的美术思想如借景、分景、隔景等,时至今日仍是园林等空间布置艺术的重要参照。

3. 工艺美术与现代设计

工艺美术,又可称为实用工艺,一般是指在造型和外观上具有审美价值,与人类的生活用品或生活环境相关的一类工艺美术品的总称。这类艺术品通常装饰精美,具有一定的实用性或目的性。工艺美术所涉及的手工技术多种多样,包含了金工、木工、编织、裁缝、塑料造型,以及雕刻、版画制作和绘画的技法。作为物质产品,工艺美术品反映着特定时代、一定社会的物质和文化的生产水平;作为精神产品,它的视觉形象(造型、色彩、装饰)又体现了特定时代的审美观。一般来说,工艺美术品又可以分为经过艺术处理的日常生活实用品、民间工艺美术品、特种工艺美术品。

史前考古学的成就告诉我们:一种充分发展了的、复杂化的艺术在冰河时期就存在着。

在这段时间内,人类学会了用符号来装饰自己、装饰工具、装饰坟墓以及居住的房屋。所以,实用工艺品又被认为是人类历史上最古老的艺术种类之一。

与其他艺术形式相比,工艺美术与人们的衣食住行有着更为密切的联系,在住的方面甚至可以媲美建筑。它同建筑一样,具有两种基本的社会职能,即同时满足人们生活层面的物质生活需要和思想层面对美感的需求。对于工艺美术来说,物质与思想同等重要,却分主次。也就是说,工艺品首先是适用的,然后才是美的。如果一件艺术品无法在生活层面为人们提供相应的便利,那么我们很难说它是一件工艺品,而只能说它是一件艺术品。而一件工艺品在美的方面有所欠缺,适用性如果能得到充分满足,也符合工艺美术的特征,只是做得没那么高明罢了。

图 2-4 清珐琅彩芍药雉鸡图玉壶春瓶

从造型的角度看,工艺美术造型往往受制造手法的风格特点的直接影响。即使是同样的材质,不同的制造工艺和手法往往使造型呈现出完全不同的格调和态势。在数千年的发展中,工艺造型手法形成了"简法洗练"与"纷繁复杂"两大类型。需要指出的是,两者是对立统一的,常常混杂在一起使用。传统的泥塑、瓷雕人物及大量日用器皿等的造型常以"洗练"为主,有时几根简单的线条就能使人物顾盼生辉,却也不乏造型复杂的作品。而在精美雕刻、镂空漆雕、花丝工艺等方面,常显出"纷繁复杂"的"特异功能",有时又以简练朴素的造型营造别样的美感。其中的特例都是艺术家突破桎梏的尝试,对工艺美术的发展起着极大的推动作用。只是因为材料与技术的限制,想要打破这种桎梏非常艰难。

随着工业大生产的到来,工艺美术已经无法满足社会生产的需求,于是在工艺美术基础之上现代产品设计应运而生。现代设计是工程技术与现代美学、材料学、计算机应用乃至社会心理学等多学科方法相结合的一种现代产品设计的应用学科。

现代产品设计包括家居设计、服装设计、家用物品设计、办公用品设计以及工业产品设计等。一般来说,现代设计或工业设计的范围包含产品设计、环境设计、视觉设计三个方面。

工业产品设计包括汽车设计、飞机设计、电脑设计以及其他电器设计。

环境设计是指人类对于各种自然环境因素和人工环境因素加以改造和组织,对物质环境进行空间设计,使之符合人的行为需要和审美需要。环境设计包括室内设计、庭园设计、建筑设计、城市设计以及社区设计等。

视觉设计包括装帧设计、印刷设计、包装设计、展示陈列设计、视觉形象设计、广告设计等。

在这三个设计的基础上,诞生了广泛影响世界的广告系统。这个广告系统中,以欧、美、日三个工业先行区域成就最高,其中,欧洲艺术类型的广告强调艺术性,日本的广告强调产品营销的效果,美国的广告强调传播效果。

（二）实用艺术的审美特征

实用性与审美性相结合是实用艺术的最大审美特征,具体体现在以下四个方面：

第一,应当对实用性作比较宽泛的理解。人类的实际活动包括文化生活、社交活动、生产劳动、日常生活等多方面的内容,实用艺术的某一门类往往只符合人类某一种实际活动的需要,而不可能面面俱到。

第二,实用艺术以实用性与审美性相结合为基本特点,对于大多数实用艺术品来讲,实用为主,审美应当从属于实用,服务于实用。这是基于结果进行的评价,而不是指创作过程也要遵循这一规律。

第三,实用艺术与生产技术具有紧密的联系,物质材料对实用艺术有直接的制约和影响,艺术创作者很难打破这一限制。

第四,实用艺术往往需要耗费大量的物质材料和人工劳力,所以它的实用性也应当考虑产品的用料、费时、加工和成本等经济方面的问题。

注重表现性与形式美的统一是实用艺术的另外一大特征。因为必须向实用妥协的缘故,实用艺术作为表现性空间艺术与一般的表现性空间艺术有着巨大的不同,首要表现在它不过于注重模仿客观事物的再现性,而是注重表现某种朦胧抽象的情调和意味,点到即止,使得实用艺术与再现艺术界限分明。因而,表现性也就成为实用艺术一个重要的美学特征,也是它与戏剧、小说、电影等再现艺术的根本区别。实用艺术的这种表现性,也使得它比其他艺术更加依赖于形式美。

所谓形式美,主要指艺术家探索出的各种形式因素的有规律的组合,这些组合形成了一门艺术所特有的某些共同的特征和法则。这些特征和法则在艺术形式的传承与发展过程中起着承前启后的重要作用。具体来说,这些特征和法则包括对色彩、线条、形体等形象因素的运用,也包括对均衡、多样统一等抽象因素的总结。实用艺术受实用性与审美性相结合特征的制约,也就格外注重形式美的传达。一旦脱离了形式美,往往使得艺术家无所适从,无法找到表达自己艺术理念的合适工具。

最后,实用艺术还有鲜明的民族性与时代性。在实用艺术中我们可以发现,包括建筑、园林、工艺美术的各门实用艺术,都在形式和内容方面体现出鲜明的民族风格和特色。如果失去了这种审美特色,我们就很难说它是一门艺术。同时,不同的时代里实用艺术的形式与内容也有所不同,于是又具有鲜明的时代性。实用艺术的时代性是一以贯之的,特定时代、特定社会的实用艺术作品总是表现出相应时代、相应社会的情感和理想。于是,把民族性和时代性有机地统一起来,也成为实用艺术作品的一大重要特征。

二、造型艺术

（一）造型艺术的种类

造型艺术是指以一定物质材料（如绘画用颜料、墨、绢、布、纸、木板等,雕塑用木、石、泥、玻璃、金属等,建筑用多种建筑材料等）和相应的艺术创作手段所创造的可视、静态的空间形象,来反映社会生活与表现艺术家的思想情感。从空间与表现的角度看,它是一种再现空间艺术；从时间与欣赏的角度看,它是一种静态视觉艺术。造型艺术主要包括绘画、雕塑、摄影艺术、书法艺术、版画、工艺美术、篆刻、艺术设计等。

从人类发展的历史来看,造型艺术是最为古老的文化现象之一。除早期人类所使用的甚为粗糙的砍砸器和刮削器等石器工具外,考古工作者在许多原始文化遗址的发掘中,发现了造型艺术的踪迹。在中国新石器时代的磁山、裴李岗等遗址中,发现了有花纹装饰的陶器。经国外的考古发现,到公元前4000年左右,在两河流域已经出现动物和人物的陶像。正是从人类原始状态下的造型艺术活动开始,造型艺术伴随着人类的文明演进,从简单的上古岩画逐渐丰富和发展,演变成了由现代绘画、

图2-5 新石器时代人面鱼纹彩陶盆

雕塑、摄影和建筑、工艺美术等艺术形式共同组成的一个庞大的艺术家族。

(二) 造型艺术的审美特征

在造型艺术的领域中,由于所使用的物质材料和表现手段不同,不同的艺术种类的美学特点也出现巨大的差别。例如,绘画与雕塑,摄影与绘画,雕塑与工艺美术,它们彼此间的差异性也许是天壤之别,我们对它们的审美要求也不同。在造型艺术各个门类鲜明的个性特征之中,我们还是能够从中发现一些共性的东西。归纳起来,造型艺术的审美特征主要有如下几点:

1. 造型性

作为一种空间艺术形式,造型艺术的审美特征首先是它的造型性,这也是造型艺术最为基本的特征。所谓的造型性,是指艺术家遵循相应的创作规律,使用一定的物质材料和手段,在一定的空间中塑造出艺术形象。人们的视觉可以毫无障碍地感受到它们的存在,从中获得美好的审美感觉。在绘画和摄影艺术中,艺术家用线条、色彩、色调在平面空间中创造着平面感或立体感的二维形象;在雕塑、建筑艺术和工艺美术中,艺术家们则使用更丰富的工具,用泥土、木石、金属为材料,在立体的空间中创造出具有实在物质性的三维形象。

图2-6 五代浮雕武士石刻局部

2. 永固性与瞬间性的统一

造型艺术塑造的是可视的空间性的静态形象，就其本质而言，并不适合表现事物的运动和过程。造型艺术家通过使用一定的物质材料和手段塑造出的艺术形象，只能是某一瞬间的凝固。通过对这一瞬时的精心捕捉，造型艺术家总是企图寻找一种能够涵盖更多可能的艺术形象，从而把自己创造的艺术造型永远地凝固在社会意识当中。

3. 从再现到表现的飞跃

造型艺术的再现性主要是指造型艺

图 2-7　东汉铜奔马

术家倾向于使用再现生活的方式来表现自己的意识与情感倾向。例如，绘画中的写实倾向、建筑中的功能主义设计、新闻摄影、非抽象雕塑等，都属于此范畴。这种再现性的造型艺术似乎是人类的天性，表达出某种"艺术的真实"，在艺术家畅快淋漓表达的同时也不会对欣赏者的欣赏造成障碍。随着历史的发展，造型艺术逐渐开始脱离再现性的窠臼，开始在追逐表现的道路上越走越远。在这背后，是生产力发展引发的社会复杂度的增强，具象方式用来表达艺术家的所思所想越来越具有局限性，于是一些先锋性的造型艺术家开始倾向于使用非现实的抽象方式来表现自己的意识与情感倾向，在实践中逐渐获得了巨大的成功。如绘画雕塑中的现代主义、建筑中的非美倾向、实用艺术中非均衡设计等，虽然都抱有争议，但谁也无法否定这些艺术形式所具有的震撼人心的美感与跨时代的创造力。

造型艺术长于再现，而艺术家总是力求表现。造型艺术在最初的发展时期往往更偏重于再现，而对表现研究不多。如最初的绘画、雕塑艺术都是写实的风格更多，除了中国古代的写意画之外，极少见到追求表现的造型艺术作品。而随着时代的发展，越来越夸张、抽象的艺术形式被艺术家寻找出来，并产生了深远的社会影响力。当下流行的动漫、游戏形象，从造型艺术的角度看，就有许多非常符合这种现象的案例。

图 2-8　韩美林绘画作品《马》

三、表情艺术

（一）表情艺术的种类

所谓表情艺术，并不是"表情"的艺术，而是情感表达的艺术。具体来说，是指通过一定的物质媒介（音响、人体）来直接表现人的情感，间接反映社会生活的一类艺术。在具体的审美实践中，表情艺术狭义上主要指音乐、舞蹈这两门表现性和表演性艺术，而在广义层面，表情艺术则有更加宽广的内涵。广义的表情艺术除了音乐、舞蹈之外，还包括了曲艺、杂技、戏剧、电影、电视等。在美学和艺术学里，人们通用的是狭义的含义，而在艺术鉴赏中则一般指广义的表情艺术。与其他艺术相比，表情艺术具有独特的美丽：更善于表现与传达艺术家的思想感情，也更容易拨动鉴赏者的心弦，激发鉴赏者对艺术形象的思想情感，并在与艺术形象共情的同时被强烈的艺术感染并在潜移默化中提高鉴赏者的艺术水准。下面，就让我们一起通过对广义表情艺术中各艺术门类的了解，来增强对表情艺术的理解。

1. 音乐艺术

它是通过有组织乐音在时间上的流动来创造艺术形象，传达思想感情，表现生活感受的一种表现性时间艺术。它是人类社会历史上产生最早的艺术之一，也是日常生活中人们最喜欢的艺术种类之一。音乐种类繁多，按照发声主体的差别划分为声乐和器乐两大类，声乐是指用人声歌唱为主的音乐；器乐是指用乐器发声来演奏的音乐。音乐还可以细分为多种多样的乐种和体裁。无论如何划分，音乐艺术通过有组织乐音在时间上的流动来表达情感，表现生活的本质不会变。

2. 舞蹈艺术

它是以经过提炼加工的人体动作作为主要表现手段，运用舞蹈语言、节奏、面部表情和舞台构图等多种基本要素，塑造出具有直观性和动态性的舞蹈形象，表达人们思想感情的一种艺术形式。一般来说，按照舞蹈所表达的思想感情内涵来说，舞蹈可分为生活舞蹈与艺术舞蹈。生活舞蹈主要表达生活层面的喜怒哀乐，艺术形象一般不够鲜明；而艺术舞蹈则更专注于某一主题思想，具有典型的艺术形象。

3. 戏剧艺术

戏剧是融文学、美术、表演、音乐、舞蹈等多种形式于一体，由语言、动作、场景、道具等组合成为表现手段，通过编剧、导演、演员的共同创造，把生活中的矛盾冲突，十分尖锐、强烈、集中地再现于舞台之上，使观众犹如亲眼目睹或亲身经历戏剧中发生的事件一样，从而获得具体生动的艺术感受。其中优秀演员的精彩表演，一般被视为是戏剧艺术的核心魅力。

4. 影视艺术

从历史发展角度看，影视艺术也可以看成戏剧艺术的延伸与发展，两者也一直被视为姊妹艺术。与戏剧艺术类似，影视艺术中优秀演员的精彩表演也被视为典型的表情艺术。

5. 杂技艺术

杂技是以蹬技、手技、顶技、踩技、口技、车技、武术、爬杆等方式表现出来的一种艺术作品，通常以制造悬念、展示技巧与力量等方式，使观众的情绪跌宕起伏，形成独特的观赏体验。所以，杂技艺术也具有一定的表情艺术特征。

（二）表情艺术的审美特征

表情性，也就是能够表达艺术形象的丰沛感情，是表情艺术最为显著的特征。虽然所有

图 2-9　汉代长袖折腰舞俑

的艺术都能表现感情,但表情艺术与其他艺术相比所表达出的感情更为强烈,甚至可以说在所有的艺术门类中表情艺术能最直接、最强烈、最细腻、最充分地倾泻艺术家的内心情感。艺术家的内心情感表达在其中扮演着决定性的重要角色,因而表情艺术的表现手段与所要表现的情感是合一的,统一于表演艺术家的舞台表演,而外力在其中则处于其次的位置。

然而,再逼真的表演终究还是表演,而不是真实事件的完全再现。因此,表演性也就成为表情艺术的另一个显著特征。这里的表演性具有多重含义,首先指表情艺术必须通过艺术家一定形式的表演,才能将所塑造的艺术形象转化成可以直接作用于鉴赏者听觉或视觉的客观形式,也才能实现使听众或观众了解艺术形象所反映社会生活和审美情感的目标。从这个意义上讲,没有表演,也就不能称其为表情艺术。其次,表演的重要性使得艺术家的二度创作格外突出,使得表情艺术的表演还具有二度创作的性质。在表演艺术家把艺术形象完整塑造出来之前,它实际是模糊的,只有作家、作曲者或编导的总体设计为蓝本,还不是具体而形象的,只有表演艺术家在对原作进行情感体验的基础上第二次创作,才使得整个艺术形象变得完整而清晰起来。这也就使得同样一件作品,由于表演艺术家的表演不同,最终也会呈现出不同的艺术表演效果,所获得的鉴赏效果也各有千秋,有的时候甚至南辕北辙。第三,表情艺术还有一个鲜明的特征,那就是表演艺术家的表演创作过程与现场观众的鉴赏过程是同时进行的,所表现出的艺术形象虽然可以通过各种现代技术手段固定下来,但总归是即时的,在相当程度上具有不可重复的特性。表演艺术家在塑造一个艺术形象的过程,往往随着表演的开始而肇始,随着表演的结束而结束,再一次的表演也会因为现场环境与艺术家个人的变化而相应地出现一些变化。这就使得表情艺术的动态性较强,在时间上流动性超过了空间上的造型性。

图 2-10 两个版本的孙悟空

四、综合艺术

(一) 综合艺术的种类

综合艺术,顾名思义,是多种艺术的综合体,又叫复合艺术。作为一种艺术分类,综合艺术常常与前面三种艺术分类有所交叉,如作为综合艺术的歌曲综合了诗歌与音乐却又属于表情艺术,作为综合艺术的建筑综合了绘画与雕塑同时又属于实用艺术,作为综合艺术的戏剧综合了文学、表演、音乐、舞蹈、美术等的同时又是广义的表情艺术,等等。为了规避这种混乱,综合艺术在艺术鉴赏领域一般用来指语言、造型、表演三大艺术门类及相关技术综合而成的戏剧、电影、电视剧等形式。这些艺术形式拥有更为相近的审美特征,在艺术审美领域也有较多的共性。

(二) 综合艺术的审美特征

1. 综合性与独特性

综合艺术因综合而独立分类,所以综合性也是综合艺术的首要审美特征。综合艺术的综合性体现在两个层次,不仅是艺术层次的综合,更是美学层次上的综合。从艺术层次上讲,戏剧、戏曲、电影和电视艺术等综合艺术,不受其所包含的固有艺术形式的束缚,打破了这些艺术门类的限制,各个艺术门类取长补短,有机融汇在自己的表现手段之中,形成了一门崭新的艺术形式,大大丰富了自己的艺术表现力。在更高层次的美学角度,戏剧、戏曲、电影、电视等综合艺术的综合性更在于将时间艺术与空间艺术、视觉艺术与听觉艺术、造型艺术与表演艺术综合在一起的手法创新,实现了美学层次的高度综合性,使得它们能够将视与听、时与空、动与静、再现与表现集于一身,从而具有了巨大的综合表现能力,极大地扩展和丰富了观众的审美感受。因此,综合艺术也是最具有群众性的艺术门类。

综合艺术又有其独特性。同为综合艺术,戏剧和戏曲作为古老的传统艺术,而电影和电视则是现代科学技术的产物,自身风格与给人们带来的审美体验迥然不同。这种独特性极其普遍,即使在同一门类内的综合艺术,也会出现较大的风格差异。例如,西方的话剧同植根于中国的戏曲,在艺术语言上就极为不同;作为银幕艺术的电影和作为荧屏艺术的电视,它们在叙事节奏和审美感觉上也有着极大的差别。

2. 情节性与主人公

综合艺术的核心是讲故事,而从我们能接触到的综合艺术看,诸如戏剧、戏曲、电影、电视剧都属于叙事性艺术。而叙事就需要由人物的行动、人物与人物之间的关系来形成一个有完整过程的生活事件,这就是情节。在综合艺术中,典型的故事情节是最能引起人们注意的部分。情节一般围绕矛盾冲突展开,在紧张而激烈的矛盾冲突中,塑造出具有典型意义的人物形象。对于综合艺术来讲,情节性具有十分重要的作用。情节不但使得综合艺术的作品成为一个有机的整体,而且通过不同的情节结构方式呈现出不同的艺术风格。

主人公,指戏剧、戏曲、电影、电视剧作品中的主要人物,或叫中心人物。主人公应当是戏剧影视作品集中刻画的人物形象,是作品内容的中心,是矛盾冲突的主体,是情节展开的依据。在鉴赏实践中,我们很容易发现戏剧影视作品都是通过对人物活动以及人物之间相互关系的描写来反映生活的,也只有通过一个个传神的人物,剧作家才能传达出自己对生活的感受和评价,否则人们就很难与剧作者产生深刻的思想共鸣。综合艺术中的主人公是如此重要,以至于塑造鲜明、生动、富有个性的主人公形象必然成为综合艺术最根本的任务。古今中外,凡是优秀的戏剧影视作品,多是成功地塑造了典型的人物形象,通过最富于代表性、个性又非常鲜明突出,具有不可复制、独一无二性格的主人公形象,反映出一定历史时期的社会生活与复杂的社会关系。

3. 文学性与表演性

情节性与主人公以及独特的修辞手法、表达理念,共同形成了综合艺术的文学性。但只有文学性的综合艺术还是空洞的,要结合表演艺术家的独特表演才能成为最终的艺术形象。在前面的内容(表情艺术相关内容)我们讲过,表演艺术家的这种独特表演有鲜明的二度创作特征,因此综合性艺术中的创造性表演也就变得不可或缺。在综合艺术的两度创作过程中,一度创作的核心是文学剧本,二度创作的体现是表演艺术。所以,文学性与表演性在综合艺术中都占有重要地位,而且很难说二者之间孰轻孰重。文学性是综合艺术的基础,没有文学性,综合艺术就无从谈起;表演性则是综合艺术的中心环节,没有表演,综合艺术就无法成立。

首先,我们说文学性是综合艺术的基础。与一般社会大众的认知不同,戏剧影视作品的创作是从剧作者编写文学剧本开始的,而不是从表演者站在镜头前开始。文学剧本是综合性艺术进行生产组织的指导纲要,只有在文学剧本所提供的蓝本的基础上,导演、演员和其他艺术工作者才能针对性地使用自身的艺术才华进行二度创作,并最终将形成的作品展现在舞台上、银幕上或荧屏上。一部优秀的文学剧本,可以为导演和演员的再度创作提供广阔的天地和成功的开端。

其次,我们说表演性是综合艺术的中心环节。从实际生产这一角度看,戏剧、戏曲、电影、电视剧都属于表演艺术,表演性是它们最突出的审美特征,也是生产环节中最核心的阶段。综合艺术把各门艺术的众多元素综合在一起的环节,就是表演这一过程。围绕着表演,剧作者、导演、演员、剧务人员做了大量的工作,将各种艺术元素有机地融汇在一起。在表演过程中,起到核心作用的三大主要要素往往是指剧作者的文学创作、导演的全局与细节把控、表演者的现场表演创作。所谓表演,就是指演员依据剧作家提供的剧本,按照剧本的规定情境和角色的思想感情,在导演指导下进行二度创作,运用语言、动作创造人物形象。优秀的表演艺术应当达到演员与角色的统一,生活与艺术的统一,体验与体现的统一。

五、语言艺术

(一) 语言艺术的种类

语言艺术是艺术的一个门类,它是运用语言的手段创造审美的形象的一种艺术形式。这里所说的语言手段既包含文本语言,又包含口头语言。具体来说,语言艺术包括文学、播音、演讲、辩论、相声、小品等艺术形式,在艺术鉴赏活动中又以借助文本语言创造审美形象的文学最具代表性。口头语言不是简单的日常对话,而是有专门的艺术表达方法,如呼吸、语言速度、单人独白、多人对话、混声等多种形式,都可以被应用在语言艺术表演当中。语言艺术的目的是创造审美形象,而非日常语言中的传达信息。从这一点看,语言艺术和语言表达技巧有着本质的不同,前者是艺术形式,后者是生活中的实用技巧。所以,语言艺术在很多时候展现出优秀的语言表达技巧,但并不总是如此,有的时候需要刻意展现人物形象,用语言表达技巧上的缺陷

图 2—11 东汉击鼓说唱陶俑

来塑造人物形象。比如在相声表演中,常常用语言上的错误(如谐音、错读等)来制造笑点。

(二) 语言艺术的审美特征

语言艺术的审美特征最典型的体现在文学方面,其他艺术形式也有类似的特征,只是在表现形式上略有差异。

1. 间接性与广阔性

语言艺术具有间接性与广阔性的原因与它运用语言来塑造艺术形象、传达审美情感的特点密不可分。语言艺术所塑造的艺术形象并不能直观地展现给读者或听众,必须通过读者或者听众在阅读与收听语音后展开的想象才能感受到,因而人们把文学又称"想象的艺术"。这就使得语言艺术形象具有间接性。语言艺术形象的这种间接性,也是以文学为代表的语言艺术区别于其他一切艺术的重要特征之一。在依赖口头语言的语言艺术中,这种间接性有所弱化,但有大量的内容需要观众进行联想与补充,这种间接性依然不可磨灭。如小品中"隔壁吴老二看我一眼就浑身发抖""拉倒吧,吴老二脑血栓,看谁都哆嗦"引人发笑的对话就是这种。而奇妙的是,这些间接性同时又是语言艺术的特长和优势,使得语言艺术所塑造的形象可以借助受众的无穷想象力,而具有其他艺术无法相比的广阔性。这些形象虽然不能通过读者的感受器官来直接把握,但它通过语言的中介激发受众的想象,同样可以使得如闻其声,如见其人,产生如临其境的审美效果,使艺术形象活灵活现、栩栩如生地呈现于受众的心灵。其中,最为突出的代表是文学形象的感知与塑造,浩如烟海的文学作品中存在着

如繁星一般的各式艺术形象,广受人们的追捧与喜爱。

通过对古往今来各个题材的文学作品的了解,我们可以发现,语言表现现实生活具有广泛而深入的表现能力,几乎很少受到时间和空间的限制,拥有广大的自由空间,具有天空一般的容量,"观古今于须臾,抚四海于一瞬",可以随着创作者的想象进行时间和空间的自由延伸,全方位、多角度地展示广阔而复杂的社会生活,而尽可能少地受客观规律与社会条件的局限,展现出惊心动魄的美感。文学的广阔性不仅表现在描绘外部世界,还表现在有能力深入到人的内心世界,能够用语言文字的形式直接揭示各种人物复杂的、丰富的精神世界。与其他艺术形式相比,语言文学更少地受客观条件的限制,于是艺术的天地变得更加自由而广阔。而这一点,恰恰是其他更严重受制于客观条件的艺术种类难以比拟的。在依赖口头语言的语言艺术中,这种广阔性也因为语言媒介的特性而存在。

2. 情感性和思想性

任何文学作品都包含着一定程度的情感成分,其中既包含属于一个时代的情感,也包含作者个人的情感。这些情感汇聚起来,就成了文学作品的情感线。一般来说,作者越是能够把握时代的情感脉络,拥有更具共鸣的个人情感,他所创作出的文学的情感性也就越浓烈,越能起到感染读者的作用,最终呈现出更具竞争力的艺术魅力。在艺术审美中,一般人很容易从抒情诗、抒情散文等情感类文学中获得情感体验,而较难从小说、报告文学、叙事诗等叙事类文学中获得情感体验,这就需要我们更加认真地遵循艺术的客观规律,找到体悟其中蕴含情感的突破口。首先让我们代入创作的角度,具有一定艺术水准的小说和报告文学等同样蕴藏着作家炽热的感情,如果缺乏这些感情,作家是很难有足够的动力去完成相应篇幅的作品。只不过在这类作品中一般不常由作者出面来直接抒情,而往往是将作者的主观情感深深蕴藏在文学形象之中,通过形象描绘来传达情感。

因为其通过语言对各种元素进行自由组合不受限制的特点,使得语言艺术的思想性在深度和广度上也远远超过了其他艺术形式。因为思想的复杂性与严重依赖语言表达的特性,这就使得只有语言才能直接表达人的思想,而其他艺术形式都无法达到这种效果,所以包括文学在内的语言艺术可以在直接披露人的思想认识、评价判断方面具有比其他任何艺术形式都强的艺术表现力。

在语言艺术,尤其是文学作品中,思想性和情感性共同存在并且关系极为密切。这是因为从一定意义上讲,文学作品的思想性总是被情感所包裹,并通过艺术形象表现出来。在文学作品中的思想表达依赖于将情感渗透在思想中,同时又用读者的情感共鸣去诱导读者深入领会作品蕴藏的思想内涵。另一方面,文学作品的情感性也离不开思想性,因为纯粹的情感往往不具备思想意义,一旦缺乏理性思想的指导,情感就容易变成宣泄而非具有特定爱憎情感的倾向性表达。显然,文学作品中的思想性和情感性关系密切,相互渗透、相互融汇,成为一切文学作品所不可缺少的要素。

3. 结构性与语言美

语言艺术尤其是文学作品的结构性与语言美在艺术创作和鉴赏的过程中都具有特殊的地位和作用。这是因为它们不仅是构成文学作品的重要艺术手段,而且本身也具有审美价值,这一点在诗歌一类的短篇幅文学作品中表现更为明显。文学作品作为一个有机的整体,就必须需要利用结构这个重要手段来完成。对于文学作品来讲,结构具有极其重要的作用,甚至直接关系到整个作品的成败得失。

1. 艺术分类的依据是什么？作为艺术鉴赏者,我们该如何对艺术进行分类？
2. 五大类艺术分别是哪五种？
3. 为什么说建筑是流动的音乐？建筑的艺术语言与音乐的艺术语言有哪些共同点？
4. 在生活中有哪些造型艺术是抽象风格的？请找出它们的踪迹。
5. 同一件作品,表情艺术为什么每一个表演者塑造的艺术形象都不同？
6. 语言艺术的审美特征有哪些？对你重新认识文学作品有哪些帮助？
7. 在了解到语言艺术与语言表达技巧的差别与共性后,对你的专业学习有何启示？

1. 请你选择五大类艺术门类中的一种,寻找一件表现红色精神的优秀艺术作品,并试着从艺术表现和思想内涵两个方面进行鉴赏与赏析。
2. 通过对语言艺术作品的鉴赏,学习语言表达技巧,提升自己的语言表达能力。

第三章　艺术鉴赏入门

在前面的两个章节中,我们了解到艺术是什么,以及艺术的具体分类和审美特征,拥有了进行艺术鉴赏的基础,但仍然不能说懂得了艺术鉴赏。艺术鉴赏是一项复杂的审美活动,不是停留在表面的浏览、观赏,也不是评论家的分析、评论,而是一种融合感性和理性、兼具娱乐和赏析的审美活动。

下面,就让我们一起通过本章的学习,认识清楚艺术鉴赏的性质、特点和过程,并以此来掌握艺术鉴赏入门的基本知识。

第一节　艺术鉴赏的性质

作为一种审美活动,与一般性的浏览性品赏不同,艺术鉴赏显然处于更高的层次,却又很难说高到专业级别。比较起来,艺术鉴赏超越了一般人群为了娱乐消遣而对艺术作品进行表层浏览、观赏的活动,但距离达到专业艺术评论家为了批评鉴别而对艺术作品进行深入的理性分析、评论还有相当差距。客观上,艺术鉴赏介于一般人群的娱乐消遣和专业艺术评论家的理性分析之间,融感性和理性为一体,兼具娱乐和赏析的审美活动。在艺术鉴赏过程中,人们被作品中的艺术形象所感染,通过感染、体验、领悟、玩味、想象等再创造活动,得到一种赏心悦目、怡情养性的审美享受和思想启示。

我们可以从中得出一个结论:艺术鉴赏的根本性质在于它的审美性和再创造性。如果不能对这两点拥有透彻的理解,就很难对艺术鉴赏本身有一个清晰的把握。

一、艺术鉴赏的审美性

艺术鉴赏的审美性,主要体现在求美和精神享受两个方面。

首先是非功利性。在如何对待美的事物上,社会人群一般有三种态度,即求真、求利和求美。比如,面对一首歌曲,社会学家研究的是它反映出的社会动态,如思想演变、影响人群等;文化商人关心的是它的娱乐性与流行性,如适不适合传唱、能不能获取更高的经济价值等;而歌迷关心的却是歌曲的审美性,能不能给他们带来美好的视听体验。对比这三种态度,我们可以很清楚地发现:审美不受科学理性的牵制,在很多时候超脱了实用功利的干扰,最为自由潇洒,更注重个人精神层面的体验与成长,两个字概括就是"求美"。

就前面两种行为来说,我们很难说是鉴赏行为,只有最后一种才称得上是艺术鉴赏。因为科学的和实用的观念在艺术鉴赏中常常会遇到障碍,最终无法形成审美的体验,更容易产生"杠精"。近二十年来,音乐组合"凤凰传奇"的成长历程,曾经遭遇的诸多非议就很鲜明地反映出一些问题。一度,专业的音乐人认为他们"土",被他们挤占了市场的音乐团体也说了很多怪话。而从受众人群层面分析,欣赏他们音乐的人群一直非常稳定,拥有很大的受众基础。

图 3-1 京剧《霸王别姬》剧照

  类似的情况,在艺术鉴赏的很多领域都存在例证:比如,中国戏曲舞台上几个龙套代表千军万马、舞台上转一圈转战千里、繁复套路化的服化道具等处理方法,若用科学标准衡量,只会觉得滑稽可笑,但在戏迷眼中却如痴如醉,也丝毫不觉得违和。在现代派的绘画艺术中,立体派、印象派、野兽派、抽象派等绘画流派在年画商人的眼中是打死也不会碰的事物,但在了解变形夸张手法所代表的精神内涵的人看来,则是难得的佳品。

  其次是艺术鉴赏的精神审美性。从以上的几个例证来看,我们很容易发现在艺术鉴赏的心理反应与受教育学习中形成科学认识也是迥然不同的。大家回顾自己的学习历程,很容易发现一个问题:我们在系统学习科学理论时,面对的是一堆抽象的概念、符号,一般只引起理性的思考,而很少有审美的情感活动。而艺术鉴赏则会调动起人们的全部精神活力,投入自身的强烈情感,沉浸于艺术形象之中。比如,同样是历史题材,人们阅读专业的历史著作和演义小说时,这种感觉尤其强烈。最能形成鲜明对比的是,陈寿的史书作品《三国志》和罗贯中的演义小说作品《三国演义》。在读《三国志》的时候,我们常常怕弄错了细节,以避免对史料解读有误;而在读《三国演义》的时候,我们更关心其中所描绘的战争场景和人物命运,同时还会产生强烈的情绪变化,沉浸在历史风云变化带来的心灵震撼和宏大美感中,有时候甚至压抑不住内心的情感动荡,去为故事中的人物想象更多的可能。读《三国演义》的这个过程,毫无疑问就是艺术鉴赏的完整过程,获得了大量的审美享受。94 版《三国演义》电视剧则很好地把握住了这一点,给人们带来了极佳的审美享受。

  当然,这里所指的审美享受并不一定都是轻松愉悦的快感,而是对美感的享受。在享受美感的过程中,并不总是伴随着生理层面的愉悦感。毕竟,快感只给予人感官上的愉快,缺

图 3-2　94 版《三国演义》诸葛亮剧照

乏精神性的深层内涵和情感活动,而美感却是精神层面的一种神奇体验。在很多时候,美感不但能给人精神情志上的愉悦,还能给人带来灵魂的震撼和理性的启示。比如,"禅"这个概念中所讲的"棒喝""明悟",就与这种感觉非常类似。在一些情况下,痛感也可以转化为美感。例如,我们在欣赏到影视剧中的悲怆片段时,往往抑制不住流淌的眼泪,心灵也被清洗,过程比较麻烦,但从结果看,同样是一种深刻的审美享受。

二、艺术鉴赏是一种再创造

结合《三国演义》的例子,我们可以发现,在艺术鉴赏的整个过程中,鉴赏者并非仅仅是单纯的接受者,而是不自觉地进行着艺术的再创造。这种"再创造",是相对于艺术家的艺术创造而言的。这种再创造必须依托既定的艺术作品,并在它提供的形象范围内进行,这种再创造就是"同人作品"形成的基础。我们观察这个过程就会发现其全貌:鉴赏者在与艺术作品的审美沟通交流之中,受到艺术作品的诱导或启发,结合自身的人生经验和审美经验,调动各种审美心理因素,对艺术作品的形象体系加以复现、填补、扩充,对艺术作品的情意内蕴加以拓展、发挥,从而使得艺术作品实现一次新的完成。

按照西方接受美学的观点,任何未进入鉴赏者视野的艺术作品都还是未完成的,即使只差进入鉴赏者视野这一步。这种观点认为,未进入鉴赏者视野的艺术作品就不能说它具有确定的艺术社会意义和审美价值,而只能说具有相应的潜能,充满了可能性。艺术作品真正宣告完成的标志就是把这些潜能通过鉴赏者的反应表现出来,把可能性变成事实。比如,一部写得再华丽的交响曲如果没有正式演奏,就还只是一本乐谱,对艺术的鉴赏者——听众来说毫无意义;排练中的交响曲也只是一场从业人员的演练,并没有与听众形成关联。只有在交响乐的演奏现场,指挥家与演奏家的联合演出,与形形色色的听众形成精神层面的现场互动,这种潜能才被释放到社会中去,这样的交响乐才能被称为"业已完成的艺术作品"。这一观点强调了艺术的社会属性,艺术不可能脱离社会而独立存在。也就是说,通过艺术鉴赏和鉴赏者能动的艺术再创造,艺术作品才能确证自身的存在,才能将自身的社会意义与审美价值从可能性转变为现实性。

图3-3　中国交响乐团《英雄礼赞》演出现场

　　所以，在很多时候艺术鉴赏并不完全等同于物质消费，甚至可以脱离物质消费而存在。物质消费是纯消耗性的，而艺术鉴赏则会为社会带来更多的精神财富，不但不会对艺术作品构成损耗，反而会在鉴赏者再创造的完成之中，为艺术作品添加新的艺术生命力。艺术创作与艺术鉴赏相互促进，形成了一个正向循环，形成艺术繁荣发展的巨大动力。越是存在大量未定点和艺术空白的艺术作品，越是能够激发鉴赏者的想象与再创造，从而获得更强的艺术生命力，这也是很多冷门艺术逐渐发展成为主流艺术的历程。

　　艺术鉴赏的再创造一般表现在以下两个方面：

　　一是欣赏主体对于作品形象的补充、丰富、扩大和改造。音乐欣赏，处处离不开想象，有时，常常要诉之于听觉的声音形象转化为视觉形象，才能感受真切。又如，我们听聂耳整理完成的《金蛇狂舞》，就能从那鲜明的节奏、奔放的情绪、打击乐器的烘托，想象到我国民间喜庆活动中挥舞巨龙时欢快而又昂扬激奋的场面。听这首曲子的时候，每个人心中浮现出来的场面都不相同，这是因为人们在生活中体验或通过其他艺术形式感受到的节庆场面不同。

　　二是在更高层次上寻求和发掘作品形象中所蕴藏的底蕴和深意，对于作品中留下的"空白""象征""隐喻"等不确定的艺术含义，进行深入探索，极大地拓展艺术作品的艺术内涵。例如，姜文导演的电影《让子弹飞》，其中就留有大量的"隐喻"，含义难以索解，至今众说纷纭。在这种情况下，观众的再创造往往超出了作者的原意，会发现许多作者没有意识到的新意。当然，这种再创造不能离开原作的制约而随意乱猜，必须在原作形象的基础上进行，所以它是一种"有限创造"，而不是一种独立的艺术创作，仍然属于艺术鉴赏的范畴。

　　把握住艺术鉴赏的审美性与再创造，也就把握住了艺术鉴赏的本质。

第二节　艺术鉴赏的特点

作为一种区别于一般性的娱乐消遣和浏览、专业的分析和评论的社会活动,艺术鉴赏有其鲜明特点。作为主体与客体相互交流、融合的双向活动,艺术鉴赏的心理流程、审美效应以及功能目的等诸方面都呈现为一种复杂交织的辩证统一体,大致可概括为以下三个方面。

一、感性与理性相统一

艺术鉴赏以鉴赏者的感性为主,首先以审美直觉的方式出现。在不带任何成见的前提下,一部优秀的艺术作品第一次呈现在我们面前,无须思索,马上就会对作品做出反应,表现出巨大的欣喜等愉悦感,这种表现就是所谓的审美直觉。审美直觉是鉴赏者对艺术作品之美的直接而迅速的心理把握,体现为对美的感性形式的敏锐感受和对审美内蕴的瞬间领悟。

需要指出的是,审美直觉是整体而非分析的,是自然而非有意的,是精微而非概念的。也就是说,审美直觉是鉴赏者在艺术作品的激发下,自身以往生活经历与艺术素养的瞬间爆发,无法自控,不同的个体之间有着诸多细微差别。如元代赵孟頫的《饮马图卷》中肥健的战马,一眼望去,就充满了力量与活力,给人一种健康昂扬的感觉。这种感觉的来源,很大程度上结合了我们生活中对马的形象的认知,属于审美直觉的范畴。

图 3-4　赵孟頫《饮马图卷》局部

在审美直觉之外,艺术鉴赏中存在的审美想象、审美体验、审美情感等心理要素,也大都属于感性层面,内容始终不会脱离感性形象。艺术鉴赏的经历,又会成为下一次艺术鉴赏时审美直觉的基础,为审美想象、审美体验、审美情感提供更多的素材。从这个角度上看,艺术鉴赏在磨砺审美感受、丰富审美想象、滋润审美情感方面有特殊意义。

艺术鉴赏在感性的基础上,也并不排斥理性的渗透和介入。毕竟,在人的心理结构中,感性和理性相互区别,同时又相互联系,互相促进。首先,掌握艺术审美相关的理性因素,非常有助于艺术鉴赏感性活动的深化,这些理性认识无形中影响和制约着审美直觉、审美想象的深度和广度。其次,艺术鉴赏的主要心理形式,实际上已经融会贯通了感性和理性两个心理层面。例如,审美直觉有低级和高级之分,在低级的审美直觉中,一般只停留在对艺术作品的表层欣赏上,很难深入到艺术作品的底蕴,把握事物的本质。而真正能完成艺术鉴赏任务的是一种高级的直觉。这种高级直觉包含内在的理性因素,它是人类文化发展历史的积淀和个人长期生活修养、审美经验积累的产物。它往往以潜意识的状态存在于人类的心理结构之中,一旦优美的艺术作品出现,它会条件反射地发生作用,完成对艺术作品的欣赏活动。

二、差异性与一致性相统一

在西方艺术史研究中,有一句话叫"有一千个观众,就有一千个哈姆雷特";在东方的古老智慧中也有"仁者见仁,智者见智"的说法。这两句话都生动地揭示了艺术鉴赏中差异性与一致性的辩证统一。

这里的差异性,是指不同的艺术受众在接触同一部艺术作品时,因个体差异而自然形成的审美感受和审美领悟必然存在差别,在艺术鉴赏活动中如此,在专业的艺术评论中也是如此。这种差异性既根源于鉴赏主体的个性差别,也同时代、民族、社会地位的差别相关。每个具体的鉴赏者都拥有着独特的人生经历,独特的内心世界,独特的艺术趣味,独特的审美经验,这些因素综合体现于艺术鉴赏中,就形成了与众不同的审美个性。更为奇妙的是,从历史发展的角度看,即使是同一个鉴赏者,在人生的不同阶段,或在不同的心境下欣赏同一部艺术作品,其感受和领悟也会不同。从集体差别的角度看,不同的时代有着不同的精神生活、物质生活、时代风尚等,不同的民族有着不同的社会风尚、文化传统、心理习惯等,不同的社会地位有着不同的立场、思想观念、生活条件等,这些都是造成艺术鉴赏差异性的原因。而一致性,则是指鉴赏者在鉴赏同一艺术作品时,所形成的审美感受和审美领悟在基本方向上趋于一致。这种一致的程度并不稳定,因时、因人而异,但在统计学层面绝对不容忽视。

艺术鉴赏一致性的形成,除了时代、民族、社会地位和人性的某些相同外,根本上是由于艺术形象本身所决定的。在艺术作品成型后,其内容和形式已经给鉴赏者划定了一个大致框架,鉴赏者无法突破这个框架的制约,只能在艺术形象或意境所规定的范围内去展开想象、联想和再创造,否则就难以说这是一种鉴赏行为。尽管"有一千个观众,就有一千个哈姆雷特""仁者见仁,智者见智",人们在阅读《三国演义》中的时候,诸葛亮的形象都是在罗贯中的描述范围内而略有偏差,是"多智而近妖"的风流人物,而不是变成周星驰《大话西游》中啰唆的唐僧。不同年龄段、不同社会身份的人在听到《义勇军进行曲》的时候,感情波动和灵魂震撼的细节方面肯定各不相同,抗战老兵和少先队员的感受天差地别,工地搬砖工人和商务中心白领的感受也迥乎不同,一致的是,他们都会被作品中传达出的以坚强意志战胜苦难、挽救民族危亡的崇高而神圣的审美基调所征服。

与一致性相联系的一种重要现象是艺术鉴赏中的"共鸣"现象。这种"共鸣"是在艺术鉴赏高潮阶段产生的一种心灵感应现象,指的是欣赏主体与欣赏客体之间、欣赏主体与艺术家之间、欣赏主体与欣赏主体之间思想感情上的交流呼应、融会相通,产生大致相仿的情感。欣赏主体在欣赏艺术作品时,被艺术家的思想感情、理想愿望以及艺术作品中的人物命运深深打动,产生一种强烈的心灵感应,有时甚至达到主客体融合为一、物我两忘的境地。

这类共鸣产生的原因主要有两个方面:从欣赏的客体上看,艺术作品本身必须具有深刻丰富的思想内涵,形象生动真实,具有强烈的艺术感染力;从欣赏的主体上看,鉴赏者的"期

图 3-5 《大话西游》剧照

待视野"中蕴含着有与作品相同或相似的思想情感与情感体验,即欣赏对象的某一方面带有一定的普遍性、共同性,与鉴赏者在思想情感上能够沟通呼应。当一部优秀作品揭示某些人类共同的精神理想和情感美德时,比如赞美自然风光、祖国山河,歌颂忠贞爱情、诚挚友谊,表现公而忘私、自我牺牲,反映思乡、思亲、人之常情,等等,这样的作品往往具有长久的生命力、感染力。此外,一些表现人生哲理、揭示生活真谛、富于真理性和启示性的作品,也常能跨越时空界限,激起世世代代人们的思索回味。此外,对于欣赏主体来说,产生共鸣还有一个前提条件,即鉴赏者必须具备一定的艺术修养,能够真正理解、欣赏作品,倘若连欣赏作品的能力都不具备,是谈不上"共鸣"的。

三、超功利性与功利性的统一

艺术鉴赏的真谛是审美,鉴赏者从艺术鉴赏实践中所得到的是高级的精神满足,是情感的净化、人格的升华、人性的完善,这就使得艺术鉴赏具有鲜明的超功利性。艺术鉴赏的这种超功利性表现在许多方面:艺术鉴赏往往不带有实用目的,所产生的愉悦感也不是实用品;欣赏过程中所产生的强烈的情感冲动、审美体验,也往往不会马上引发观赏者对现实做出行动反应;欣赏中一旦获得强烈的美感,往往很快转化成为对外的分享行为。这些都说明艺术鉴赏是一种无关个人利害的、无私的社会性活动。

在这项社会活动中,天然要求人们必须以充分自由的心态对待艺术作品,否则很难真正进入审美境界。相反,如果鉴赏者仅仅抱着纯功利性的实用态度审视艺术作品,只求眼前的功利效益,就很难获得好的审美体验。毕竟,艺术鉴赏本身绝大多数时候并不能提供他想要的事物——功利。

当然,艺术鉴赏的这种超功利性不是绝对的,许多情况下也存在着功利性的一面。需要注意的是,这种功利性首先表现在社会层面,而非个体层面。每个人在艺术鉴赏中的审美意识总是同社会当时流行的思想观念、道德理想相关,直接或间接地反映出一定的时代精神、人文风尚。这种反应会反馈到社会生活中去,成为社会发展的重要动力,但鉴赏者个人很难直接获得服务于其自身的可以马上感受到的功利。当一个个个体形成群体性的艺术鉴赏,这个过程中所释放的巨大能量往往会给社会带来难以估量的积极或消极的影响。这就使得艺术鉴赏带有某种社会功利性，这也是国家立法对文化经营活动进行引导的法理基础。

前面我们讲到，艺术鉴赏的正常进行还能促进艺术作品的兴旺繁荣，形成二者相得益彰、互相推动的作用，这也是艺术鉴赏活动功利性的表现。在更细致的层面，具体到对于鉴赏者自身来说，在获得审美享受的同时可能多方面受益。比如，有可能使鉴赏者得到哲理或道德方面的启迪，促进鉴赏者智力的开发，增进鉴赏者的身心健康，等等。

对于艺术鉴赏以上三个特点的把握，有助于我们更全面地把握艺术鉴赏这项社会活动，并能够在以后的艺术鉴赏过程中规避很多可能发生的问题。

第三节 艺术鉴赏的过程

在掌握了艺术鉴赏的性质与特点后，我们来进一步了解艺术鉴赏的过程。掌握了这一过程，我们基本上就已经踏入了艺术鉴赏的世界，而不是一般性浏览与娱乐性观赏了。

区别于一般性的浏览与娱乐性观赏，艺术鉴赏的过程中最大的特点是鉴赏者与艺术作品之间存在着大量的双向交流，多种心理因素参与其中并发挥作用，呈现出复杂且不可复制的过程。一般情况下，艺术鉴赏的过程大体上可以分为以下三个阶段。

一、感性形象的捕捉

在艺术鉴赏过程中，首先实现的是对艺术作品感性形象的捕捉。艺术作品的载体是可以被感受的物质形态，也是艺术作品传达信息的手段，所形成的艺术形象也就可以被称为感性形式。人们在接触艺术形象的瞬间，就已经下意识地感受并解读艺术形象，并迅速做出自己的判断。与一般性的浏览与娱乐性观赏不同，艺术鉴赏对艺术形象的感受要更加全面而深入。在这一阶段，鉴赏者感受到艺术作品感性形式的各种外在表现，在知觉中将其复合为完整的表象，从而进入艺术作品所描绘的境界，体验到艺术家或作品的思想感情。例如，我们听小提琴独奏曲《梁祝》，那婉转起伏的旋律会把我们带入一个荡气回肠、生死契阔的爱情

图3-6 越剧《梁山伯与祝英台》剧照

故事里,感悟到故事主人公对爱情的忠贞不渝和他们身上所表现出的千古浪漫。这种感受我们在观看爱情题材的电视剧或电影时,也可以领悟到。

在感性形象捕捉的过程中,一种有趣的现象会发生,那就是"通感"。较高品质的艺术作品可以打破感官的壁垒,给人带来更丰富且多元的审美体验,而一般的作品则无法达到这种境界。例如,一般来说,绘画、雕塑等形象,属于纯视觉形象,只能愉悦人们的眼睛;音乐形象,属于纯听觉形象,只能愉悦人们的耳朵;戏剧、影视等形象,属于视听综合形象,但很难让人浑身战栗,给人以精神世界的巨大震撼。而在极佳的作品面前,这些障碍仿佛消失了,人们会全身心地投入其中,而不只是局限于某一个或者某几个器官的愉悦。例如,当我们欣赏德国音乐家路德维希·凡·贝多芬的《C小调第五交响曲》(又称《命运交响曲》),听着那振聋发聩的旋律,眼前会浮现出一个命途多舛的勇士,在风雨与敌对势力的打击下绝不屈服,最终战胜命运、战胜自己的过程,并为之浑身颤抖,精神层面也获得了巨大的滋养,进而,听觉、视觉、触觉乃至精神世界都得到全面的美感享受。

鉴赏者在通过艺术形象捕捉感性形象的同时,也在自觉或不自觉地将艺术作品的形象体系加以充实和发展,在这一过程中获得的感性形象更多地来自鉴赏者自身的精神世界。在艺术形象中存在着大量的空白点和未定点,激发了鉴赏者的审美想象,这些想象再把艺术形象中的空白点与未定点进行填补、完成,就形成了完整的感性形象捕捉。例如,中国古代绘画艺术非常讲究虚实关系的处理,追求以有限的"实"的艺术手法创造无限的"虚"的艺术意境,"留白"也就成了国画艺术中的瑰宝。高明的留白,甚至大片都是空白,只有寥寥几笔勾勒出的人物停留在画面上,却给人营造出"一切皆在"的艺术效果。这里的"一切皆在",就是鉴赏者对"虚"进行"实"的填补的结果。

这一阶段除了对艺术形象的感知和充实外,还需要融入鉴赏者自身的审美体验,设身处地地同艺术形象融为一体,去领会、体验作品所表达的情感。一个鉴赏者既能感知具体的艺术形象,又能切身感受艺术作品的情感氛围,才算真正进入了感性形象的境界。

二、把握艺术作品的内在意蕴

优秀的艺术作品都是美的感性形象与丰富的审美意蕴的有机统一。艺术鉴赏在充分感受艺术形象的基础上,自然会转入第二个阶段——深入探究艺术形象体系所包含的内在意蕴。例如,我们欣赏表现长征题材的交响乐《长征组歌》时,要通过对舞台表演和激昂旋律的透视,进一步体会作品所寄予的红军历尽艰险、终获胜利的革命精神,以及背后所体现的中华民族不屈不挠、自立于世界民族之林的坚强意志。

从这个例子我们可以看出,这种对艺术作品内在意蕴的把握,实际上是对其做出基本的审美判断的过程。因此,这一阶段也被称为审美判断阶段。在前一阶段感性形象的捕捉中,鉴赏者更多地依靠审美直觉,形成的印象虽然很美好,往往偏重于形式方面很难深入到作品的意蕴之中。在这一阶段,鉴赏者可以由外及内,由表及里,对作品进行整体性的、形式和内容相统一的全面评价。这一阶段获得的结果可能与感性形象的结果并不一致,有可能会增强之前的想法,还有可能弱化甚至全面推翻之前的感性印象。

这是因为在审美判断中,鉴赏者力图以自己掌握的对于艺术"真、善、美"的标准去冷静地衡量作品,以自己的审美体验、生活阅历去理解、评价作品。但需要特别指出的是,任何鉴赏者所掌握的"真、善、美"的标准都不是绝对客观的,而具有或多或少的局限性。这种局限

图 3-7 《长征组歌——红军不怕远征难》演奏会现场

性与艺术作品的局限性、艺术创作者的局限性共同作用,对鉴赏者最终对艺术作品基本审美判断的结果有很深的影响。一般来说,这三种局限性的总和越小,鉴赏者所感悟到的审美意蕴越美好;反之,则会是一场非常糟糕的审美体验。

不管鉴赏者所领悟到的情意内蕴是好是坏,鉴赏者自身都负有一定的责任。我们复盘这个过程就能发现,审美判断阶段所获得的情意内蕴是鉴赏者自身的主观世界与艺术家所虚构的艺术作品的艺术世界相交融的产物,是在艺术实践中现实生成的,为艺术家、艺术作品、鉴赏者所共同拥有。艺术家在自身与艺术作品层面负有责任,而鉴赏者则在自己的主观世界方面负有责任,是二比一的关系。只有完整考虑这三个方面,才算完成了一次完整的鉴赏,而一般性的社会浏览与观赏往往只是片面而浅显的。

综合以上要点,我们可以发现鉴赏者对作品形象判断的三个要点:①要受到艺术作品原有框架的制约,不能随心所欲;②对于艺术"真、善、美"标准的把握也要有一定的科学依据,不能完全凭个人喜好武断下结论;③在前两点的基础上允许审美判断带有个性化的成分有独到之处。

三、在比较与回味中深化理解

鉴赏者经过前两个阶段由外及内的欣赏后,已经对艺术作品有了一个总体的印象和概括的评价,对艺术形象的外在美和思想意蕴的内在美也有了初步把握。然而,艺术鉴赏并未到此终结,因为一部优秀的艺术作品远不是一两次简单的欣赏就可以全部发掘它的审美内涵,穷尽它的审美价值。只有在与同类作品的比较时,并多次回味该作品,才能深入地理解艺术作品。

回味玩赏一方面是对艺术作品的美进行多层次、多角度的审视,寻索那些较为隐秘的、深沉的、前次未曾发现的美的精粹。同时,更要结合鉴赏者自己的人生经历、情感体验生发开去,产生对社会、人生、艺术的新的领悟。如果有大量接触同类艺术作品的阅历,更能大大地提高深化理解的效率,可以很快地得到艺术作品的精髓。

例如,现代派著名画家文森特·梵高的《向日葵》初看只是一幅素朴的景物写生,只有在与同类作品进行比较并玩味后,才能发现其中蕴含的独特情感体验,感悟到画家通过画面想表达出的既热烈又悲伤、既躁动不安又孤寂无奈、既礼赞新生命又为旧生命凋残而哀伤的矛盾心绪。这一切,我们都可以通过那沉甸甸的花盘以及向四周延伸又像凝固的火焰一样扭曲着的花瓣感受到。

这一过程不但是审美感知、审美判断的延伸,更是审美欣赏的升华,它往往使得审美更加深化、精细化,也更加情感化、个性化,同时也得

图3-8　文森特·梵高《向日葵》

到最独特的审美发现。唯有此时,鉴赏者才会陶醉于艺术境界之中,心旷神怡,物我两忘。也由此,眼界于不知不觉中逐渐开阔,心灵在自然而然中得到净化,得到了极大的审美享受。

思 考 题

1. 艺术鉴赏的本质是什么?如何理解艺术鉴赏也是一种再创造?
2. 艺术鉴赏特点体现在哪三个层面的统一中?
3. 在艺术鉴赏的过程中,我们是如何由浅入深地对艺术作品进行鉴赏的?
4. 在了解到艺术鉴赏的入门知识后,对艺术鉴赏产生了哪些全新的看法?

课 外 延 伸

1. 请你在校训、大学精神等的指引下,尝试着对校园中的造型艺术作品进行鉴赏。
2. 请你选取中国当代绘画艺术家的作品进行鉴赏,并体会艺术鉴赏的整个过程是如何发生的。

第四章 音乐艺术鉴赏实例

通过对前面三个章节内容的学习,我们已经在脑海中建立起了艺术鉴赏的基本逻辑,基本掌握了艺术鉴赏的窍门。概括地说,对一门成熟的艺术进行鉴赏,需要从概念、基本特征、艺术语言、审美特征这四个阶段做功课,由浅而深地进行艺术鉴赏,并在这些功课的基础上结合艺术发展的历史来对相应的作品进行赏析。

在本章节的内容中,我们将通过对音乐艺术的鉴赏历程为代表,引领大家感受一下在艺术鉴赏的过程中所涉及的功课,以更深入了解艺术鉴赏的动人魅力。

第一节 音乐艺术的概念

对于包括音乐艺术在内的一切艺术形式来说,能准确地了解概念,通常是进行艺术鉴赏的第一步。有别于经验性的认知,艺术鉴赏中所了解的艺术概念,是系统而严密的,能够引导我们快速地在脑海中建立相应的概念,并掌握相应艺术形式的核心要素。从接触到这种概念并接受开始,我们实质上就脱离了经验性的审美体验,转而走向更科学的艺术鉴赏道路。这种概念一般是从抽象到具象一点点展开的,并最终与生活中的体验结合起来,帮助我们塑造全新的艺术鉴赏观念。下面,我们以音乐艺术的概念为例,为大家展现这个过程。

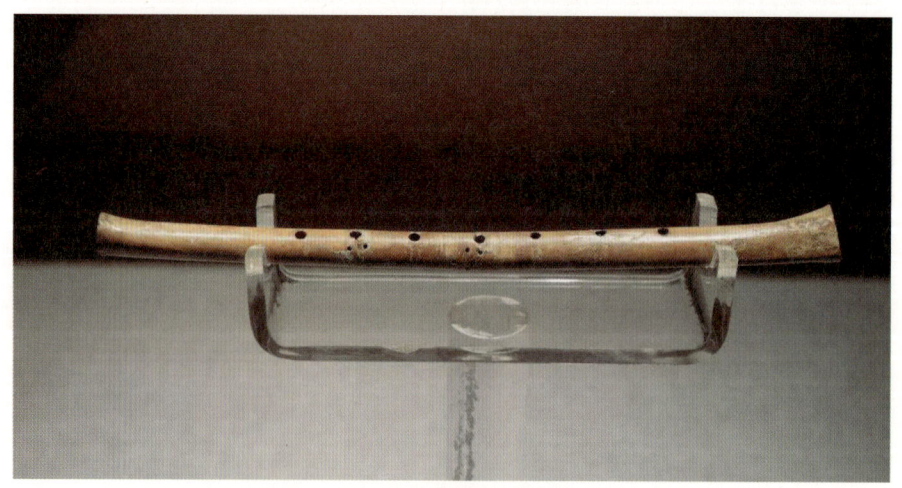

图 4-1 贾湖骨笛距今 7800—9000 年

音乐是一种独特的艺术门类,它凭借声波振动存在,在时间中展现,通过刺激人类的听觉器官引起各种情绪反应和情感体验。从这个概念描述中,我们可以迅速掌握最核心的要素——音。在自然界中能为人的听觉所感受的音是非常多的,但不是所有的音都可以作为音乐的材料,因为不是所有的声音都能给人们带来美的体验。人们在长期对各种声音的研究中发现,规则的振动能够给人带来美的体验,而不规则的振动往往给人们带来不好的体验。因此,音被分为乐音与噪音两类。音乐艺术中使用的声音材料,主要就是具有高度规律性的乐音。这些乐音的规律主要体现在高低、强弱、长短、音色等四方面。音的高低是由物体在一定时间内的振动次数(频率)决定的。振动频率越高,音则高;振动频率越低,音则低。音的长短是由于音的延续时间的不同决定的。音的延续时间长,音则长;音的延续时间短,音则短。音的强弱是由振幅(音的振动范围的幅度)的大小决定的。振幅大,音则强;振幅小,音则弱。音色则由于发音体的性质、形状及其发音的多少等不同,不同的乐器常有不同的音色。一代又一代的音乐家通过对乐音四种性质的探索,建立了音乐艺术的乐器体系和声乐体系。

图4-2 中国编钟

在这些体系的基础上,音乐艺术家用乐器、人声等方法对一系列规律声波进行组合,创作出一段能表达人们思想感情、反映社会现实生活的艺术作品。这种以流动的音响为物质媒介进行艺术创造的方法,是音乐与其他艺术表现方式的根本区别,形成了音乐艺术的听觉性、时间性与非语义性的三大特征。

音乐带给人们转瞬即逝的听觉体验,使得音乐作品中所塑造的形象难以捉摸,充满了变化的魅力。同样的一段音乐,在不同的情境下播放也会给人们带来不一样的情感体验,常演常新。优秀的音乐作品更是具有穿透时代的力量,给不同时代的人带去相近而又存在诸多差别的情感体验,经久不衰。音乐的这种多变也决定了其所塑造的艺术形象一定具有强烈的非写实性特征。同样的一段音乐表达"江南",唐人、宋人、现代人脑海中所浮现的江南印象一定是迥然不同的。唐人听《采莲曲》,脑海中浮现的江南应该是充满野趣的,因为当时江南的开发还不完善;宋人听《采莲曲》,脑海中浮现的江南应该是风雅的,当时的江南已经成为重要的文化中心;现代人听《采莲曲》,脑海中浮现的江南也同样会受到之前生活经历与阅读经验的深刻影响。这个过程中,音乐起到的作用是激发人们脑海中对江南的想象,而非直接塑造出一个写实性的江南。我们可以说,音乐塑造的艺术形象具有很强的"混沌性",而非写实与具象化的,赋予一段音乐具体形象的是受众脑海中的想象,而非音乐本身。音乐在很大程度上摆脱了具象化的束缚,直接引发人们的情感体验,这也是音乐区别于其他艺术形式的重要特点。

采莲曲

[唐] 王昌龄

荷叶罗裙一色裁,
芙蓉向脸两边开。
乱入池中看不见,
闻歌始觉有人来。

图4-3 采莲曲在小学教材中的配图

即使与其他以声音为介质的艺术形式(如说唱艺术等语言艺术)相比,音乐也有其特殊性,也就是非语义性的特征。单纯的音乐几乎不可能直接用音响再现生活,也不可能像文学作品那样,以语言为中介表现事物细节、描绘具体情景,而只能在情感意境的层面用复杂多变的音响进行描画。成功的音乐作品在情感意境层面所达到的高度往往是惊人的,能够以复杂多变的音响振动人们的耳膜,瞬间触动人们的中枢神经,使人们单单从音流的高低、强弱、快慢等音响氛围中就能迅速感受作品传达的特定感情。

通过以上描述,我们就基本建立起了一个有别于其他艺术形式的音乐艺术概念。因为篇幅限制的问题,我们不能说它是完善的,但已经远远超越了经验性的音乐审美体验,基本实现了对音乐这一特殊艺术门类的了解,并找到了提纲挈领的审美钥匙。在此基础上,通过对音乐艺术与其他艺术门类的细致比较,我们就会发现音乐艺术的独特魅力可以概括为以下三个方面。

首先,音乐的内容与文学、戏剧、绘画等那些大量描绘生活中的具体事物情景(再现、描摹)的艺术门类不同,音乐更注重表现性、表情性,直接呼唤、激发的是受众的情感与意志;由情感体验出发,不同的受众凭借自己的生活经历联想到的具体对象也不相同。

其次,音乐所用的材料与结构是非语义性的,一个音节没有任何实际含义,这是音乐与语言艺术的根本分界线。语言所用的声音有语义,是词义的外壳;音乐则不然,各种乐汇所唤起的联想是从情感激发中自由展开的,不遵守语义学的规则只有情感的共识,而没有完全相同的实际内涵。

最后,在形式要素的抽象性和结构规范的严谨性方面,音乐与建筑十分相似,但与建筑在空间中展现(属于空间艺术)不同,音乐是在时间中展现的艺术(属于时间艺术)。

以上文字的组织,实质上回答了八个问题:我在生活中如何找到这门艺术?它由哪些要素构成?它的核心要素是什么?艺术家是如何围绕核心要素进行艺术创作的?这种艺术是如何表现艺术形象的?人们感受这种艺术形象的审美过程是怎样的?与其他艺术形式相比,这种艺术形式的独特性有哪些?通过对这门艺术的初步了解,给我们带来了哪些启发?

对于任何形式的艺术形式来说，只要我们针对这八个问题给出一个靠谱的答案，就能在意识层面基本建立起相应的概念。

第二节　音乐艺术的基本特征

在脑海中建立起音乐艺术的基本概念后，接下来就是掌握音乐艺术的基本特征。与其他艺术形式一样，音乐艺术的基本特征也是基本概念的延伸，是我们了解这种艺术形式进一步深化的具体表现。一般来说，我们可以从素材的艺术组织、时空的艺术安排、表现性与再现性的辨析、稳定性与演绎性四个维度结合艺术概念来描述一种艺术形式的基本特征，以此形成一个较为完备的认识体系。

一、音乐是对声音进行艺术组织的艺术

音乐最大的特征，就在于它是对声音进行艺术组织的艺术形式。声音是音乐的基本素材，也就自然而然地对这些声音进行组织与管理。在音乐艺术中，人声叫声乐，用乐器来演奏的就是器乐。声乐还可分女、男、童声音乐，男女声又分高、中、低音，还有独唱、重唱、齐唱、合唱等。乐器也如此，如木管组：长笛、单簧管、双簧管、大管；铜管组：小号、长号、大号、圆号；弦乐组等。它们之间又分为若干声部，可分为独奏、重奏、合奏等，更大型的、复杂的叫交响乐队。

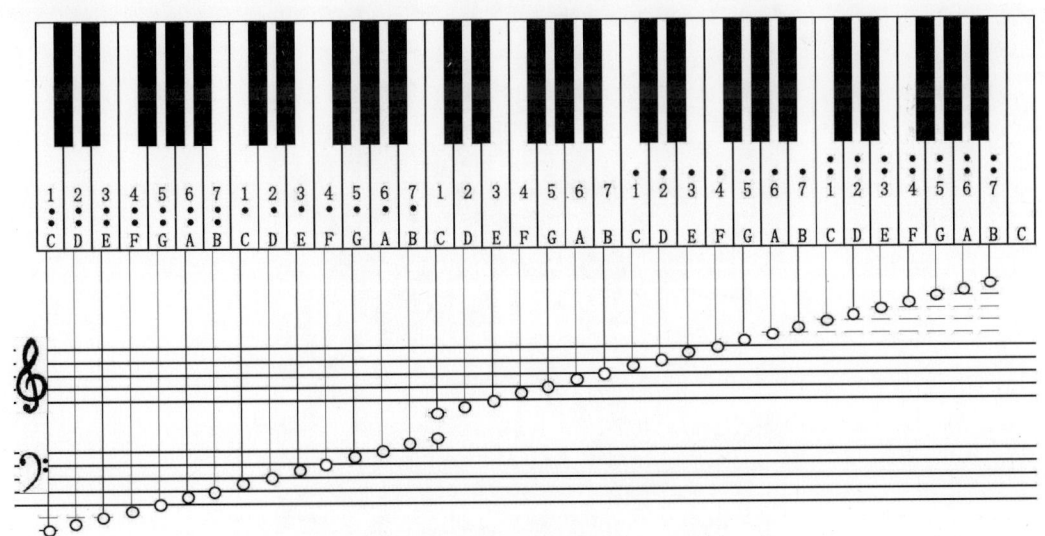

图 4-4　钢琴键位图

音乐艺术中，声音素材最有代表性的是钢琴的 88 个键所发出的音，是音乐对声音进行艺术组织的高度浓缩。这些音按高低顺序在钢琴上排列起来，就是一个生动的"音列"。技艺高超的钢琴演奏家通过对这 88 个键的应用，能够表现出音域宽广、感染力惊人的音乐作品。这也是钢琴被称为"乐器之王"的主要原因。在更为复杂的交响乐体系中，艺术家将不同的音高、音质、长短、声部、声种、乐器等组织起来，更能形成一种震撼人心的音乐效果。

人类对声音素材不断进行探索和实践，不断地加工选择，最终形成了我们生活中不可或缺的震撼人心、怡情养性的、多姿多彩、博大精深的音乐天地。

二、音乐是时间的艺术

音乐艺术的第二个主要特征在于严重依赖对过程的管理，通俗地讲就是"节奏"，呈现出鲜明的"时间艺术"特征。也就是说，音乐只能在时间中展现与消失。一段音符，如果只躺在乐谱上，只能被称为印刷品，而不是音乐作品；同样的一段音符用不同的节奏表演，也会产生完全不同的情感体验。

一个典型而有趣的例证，我们可以在电影《大腕》中找到。剧中将哀乐用不同的速度进行演奏，就变成了一首极为欢快的曲子，哀伤的感觉瞬间荡然无存。

三、音乐是表现而非再现的艺术

音符只能传达情感，而不能表现具体的艺术形象，这是音乐艺术的第三个特征。在前面的内容中，我们就已经提到，在欣赏音乐的过程中我们可以在脑海中浮现出一系列的具体形象，但这些艺术形象不是音乐形象本身所勾勒出来的，而是音乐触动了我们的情感变化，然后我们结合自身的阅历在脑海中创造出了形象。在这一过程中，音乐只有表现的作用，再现出具体形象的是我们自己。

图4-5 电影《百鸟朝凤》海报

音乐的魅力正是可以找到一种变化的、发展的，同时又有鲜明的、强烈感染力量的艺术形象。这种形象不是一般的、具体的、事物的、外在的形象，而是概括的、情感的、内在的形象。不同的人在接触到这种艺术形象时,内心所浮现的画面是千差万别的,但感情逻辑又有很大层面的共性。这种奇妙现象的产生,我们可以从音乐艺术的创作过程找到答案——音乐艺术是艺术家对生活、自然景色感悟的表现,他们把自己的感悟转变成可以触动心灵的声音,使听到这些声音的人可以体会相应的感受。这种感悟是如此的强烈,以至于精心选取音乐素材也无法规避开表现而达成再现——即使是使用原生态的声音进行描绘性的、造型性的音乐创造,其音乐的描绘也只是相对的,与那些声音自然发生的过程相去甚远,而更加强调音乐艺术家的个人情感表现。

四、音乐是一种充满了创造与再创造的艺术

同样的一种情感,会驱使着不同的作曲家写出不同的曲调;同样的曲调,又会因为演奏(唱)者的不同理解而产生巨大差别;同一位艺术家的两次表演,也会有细微的差别。也就是说,音乐的表现在具有一定稳定性的同时又富有演绎性。

更奇妙的是,在音乐中有一种特殊的手段——变奏手法,在一首变奏曲中一个旋律奏完后再奏一遍,演奏者与听众的感情都会发生变化,而不是之前感情的单调重复。即使重复,也是一种创造,并能够在情感层面带来全新的体验,这种现象是其他艺术没有的。

在音乐界,有这样一个说法:"每一次演奏,都是一次全新的创造。"这种说法,是一个音乐人达到了一定造诣后必然发出的喟叹。音乐是如此的敏感,只要小小的变化就可以改变乐曲的表现。嗓音条件、乐器状态、设备状况、演出场所、演出者的健康与情感波动、观众素养、现场气氛,等等,都会对音乐的最终感染效果产生重大影响。为了给听众带来尽可能完美的体验,音乐会所使用到的建筑设施、音响和灯光设备的建造需要大量创造工作,音乐家打磨作品和演奏家的日常训练过程中也需要大量的创造。我们在生活中无意识地翻唱别人的歌曲,其实也是一种创造——同样的一首歌,不同的演唱者进行表演,听众的感受也完全不同,这种不同本身也是一种创造。

第三节 音乐艺术的语言

知道了音乐的概念和基本特征,接下来我们了解音乐艺术的一些基本术语。掌握了这些基本术语,我们才能在鉴赏的过程中尽可能少地受到主观感受的不良影响,打破自身的局限性,真正地进入艺术的世界。不同的艺术形式有不同的术语体系,但万变不离其宗,基本围绕一个核心问题展开——创作的方式方法,也就是艺术工作者是如何用最经济有效的手段来进行艺术创作的。为了方便理解,我们可以把这些术语体系看做是一种"编程方法"。

单就音乐来说,音乐艺术的语言包含三个层面:旋律、结构和体裁。所有的音乐作品,都是通过这三个层面的精心加工,最终形成了具有心灵感染力的音响效果。我们掌握了一个音乐作品的这三个层面,基本上就能做出偏差不大的艺术鉴赏了。

一、旋律

作为一种时间的艺术,对音符进行次序与节奏的编排,是一个音乐艺术家所能使用的最基本和最重要的表现手段,于是,旋律就在这个过程中形成了。进一步细化这个过程,艺术

家通过对乐音的长短、高低、强弱等进行变化组合,写出一个个具有情绪感染意义的乐句,再进一步创造出一段又一段动人的旋律。这些旋律作为乐曲结构的基本构成因素,进一步进行有机组合,最终形成了音乐艺术作品。从这个过程我们可以发现,音乐作品虽然具有非语义性特征,其创作的过程却与语言的构成非常类似。音乐的存在基础是乐音,语言的存在基础是笔画;乐曲结构的基本构成因素是乐句,语言的基本构成因素是字或单词;乐曲的旋律能够感染与抒情,句子与段落能够叙事与表达。这种有趣的类比,将非常有利于我们对音乐进行理解。

在以上认知的基础上,我们就可以得出结论:单纯的乐音很难有实际意义,是模糊的;旋律是具体的,能够表达出清晰的感情。不同的音乐节奏,同样一组音符具有不同的表现作用,从而使得旋律具有鲜明的个性。一般来讲,节奏缓慢、沉重的音乐作品传达给听众的情绪情感总是偏忧郁、悲伤,而那些节奏轻快、急促的音乐作品传达给听众的情绪情感总是偏欢快、热烈的。

二、音乐结构

音乐结构是建立在旋律基础之上的,是对旋律进一步的创作与加工。在这个过程中被加工的旋律,一般被称为主题旋律,创作与加工后就成为可以相对完整表达艺术家音乐思想的乐段。我们在赏析文章的时候,一般要从段落结构进行分析。与之类似,音乐欣赏也要从乐段结构进行分析。一般来说,常见的曲式结构有以下七种:

1. 单一部曲式

这种曲式结构是最简单的音乐结构,一般只由几个乐句构成,没有明显的重复段落,没有第二主题,也没有副歌,更多是平铺直叙地表达创作者的情感。

2. 单二部曲式

单二部曲式是单一部曲式的升级版本,由两个主题的乐段构成,结构为 A+B 也叫"二段体",在歌曲创作中被广泛运用。单二部曲式的第一个乐段在音乐上具有鲜明的初步陈述性质,材料简单,结构方整,情绪稳定,具有进一步展开的要求和发展的可能性。第二个乐段则是对第一个乐段的发展与强化,用以更加突出第一个乐段所表达的情感。一般来说,第二个乐段可以是第一个乐段的部分再现,也可以是与第一个乐段形成鲜明对比的乐段,单二部曲式也因此可以进一步被分为有再现性的单二部曲式和没有再现性的单二部曲式两种。

3. 单三部曲式

单三部曲式由三个规模相近、相对独立的乐段组成,与单二部曲式相比,所能表达的情感内涵更加丰富多彩。单三部曲式有两种结构类型:再现单三部曲式(标记为 ABA)和并列单三部曲式(标记为 ABC)。

单三部曲式的第一部分是正规的乐段,其他两个部分则可能是乐段,也可能是大致类似于乐段规模的非正规乐段结构。三个部分的作用各不相同,但组成完整的统一体,形成跌宕起伏的情感表达。作为被广泛运用的一种曲式结构形式,单三部曲式在古今中外的音乐作品中被广泛运用。在西方音乐里,单三部曲式是简单曲式中最完整的一种,还常常作为回旋曲式、奏鸣曲式、变奏曲式的主题。而在以"随机性"为特征的中国传统乐曲中,单三部曲式也是相对类型化的主要曲式结构形式之一。从整体看,中国传统音乐对单三部曲式注重展衍,而西方传统的单三部曲式则以对比为主。

4. 复三部曲式

复三部曲式是复杂化的三部曲式,它也包含三部分,典型特点之一是两端部分对称地位于中间部分的两侧。典型复三部曲式的两端与中间部分存在着鲜明对比。复三部曲式与单三部曲式的主要区别在于,复三部曲至少有一个部分是大于乐段的结构(单二部或单三部)。第一部分(A)的典型结构是单二部或单三部曲式,它们通常比在独立小曲中有较大发展,拥有更强的情绪感染力。

$$A \quad\quad B \quad\quad A$$
单二或三部曲→单二或三部曲式→单二或三部曲式

图 4-6 复三部曲式结构

5. 变奏曲

变奏曲是变奏的手法处于核心的曲式。变奏手法是指将一段音符变换不同的节奏,从而让听众获得不同的情感体验。变奏曲通常注重发展一个主题,使主题能得到多方面表现。在变奏中遵循的原则是先奏出完整的主题,然后依次演奏一个个变奏。变奏的次数可多可少,少则三四次,多则二三十次,以期达到想要的效果。贝多芬《f小调钢琴奏鸣曲》中的第二乐章就是一首典型的变奏曲。

$$A \quad A^1 \quad A^2 \quad A^3 \quad A^4$$
(主题)→(变奏1)→(变奏2)→(变奏3)→(变奏4)

图 4-7 变奏曲式结构

6. 回旋曲

回旋曲这种曲式由一个主部和几个不同的插部组成,在演奏的时候主部和这些不同的插部交替出现,进而构成一首完整的乐曲。回旋曲在演奏过程中,主部至少出现三次,相应的新插部则至少要有两个。19世纪以来,回旋曲发展出了组曲性的回旋曲,逐渐成为音乐创作中回旋曲的主流。与之前的回旋曲相比,组曲性的回旋曲主部和各个插部形象的对比更为鲜明,并在速度、节拍、织体写法和体裁特点上也形成对比,艺术感染力也更加强烈。近代回旋曲在音乐中的使用较为广泛,常用作奏鸣曲、交响曲等套曲的终乐章或独立器乐曲。声乐作品,尤其是带有咏叹调的歌剧作品中也常采用回旋曲的形式,如莫扎特歌剧《费加罗的婚礼》中费加罗的咏叹调就是著名的回旋曲。

$$A \quad B \quad A \quad C \quad A \quad B \quad A$$
主题→第一插部→主题→第二插部→主题→B的重复或变奏→主题

图 4-8 回旋曲式结构

7. 奏鸣曲

奏鸣曲是由一件独奏乐器演奏,或由一件独奏乐器和钢琴合奏的器乐套曲,如钢琴奏鸣曲《月光曲》、小提琴奏鸣曲等。贝多芬后期的浪漫乐曲结构形式比较自由。

它的一般结构由呈示部、展开部和再现部三大组成部分。呈示部中有主、副两个主题,也称主部主题和副部主题,它们之间往往是对比性的;展开部一般是将呈示部中的两个主题加以发展,达到戏剧性的矛盾冲突;再现部是经过陈述与发展后,主题趋于平和、统一,具有明确的结论性的意义。

呈示部	展开部	再现部	
第一主题	第一主题	第一主题	
第二主题	第二主题	第二主题	结尾
第二主题在不同调性上	两个主题的变化发展	第二主题统一到第一主题的调性上	

图 4-9 奏鸣曲式结构

三、音乐的体裁和分类

在了解了音乐的旋律与结构之后，再从音乐的体裁与分类方面切入，就能更好地结合实际经验，进一步加深对音乐这一门艺术的理解。如果反过来，一下子进入音乐的体裁和分类中，很容易被动人的音乐艺术淹没，很难找到一个清晰的方向。对于这个过程的辨析，也符合学术研究中先找到常量，再想办法描述变量的一般研究方法。

对音乐体裁的分类，向来众说纷纭。之所以形成这种现象，首先要考虑的是不同文明、不同民族、不同地域之间的巨大差别，使得世界各地的人们往往从不同的角度来使用与考察音乐，也就产生了各式各样的说法。归纳起来，大体上可从下述七个角度来区分。

（1）首先可以按照音乐在社会生活中被使用的场合与社会功能来划分。例如，在集体劳动生活中使用的并起到指挥作用的夯歌、渔歌、牧歌、田歌等都可以被归类为劳动音乐；在青年男女交往中互诉衷肠的情歌、恋歌都可以被归类为爱情音乐；在社会风俗习惯中被广泛使用的酒歌、婚嫁歌、丧歌可以被归类为风俗音乐；用于国家仪典的国歌，可以单独成为一个种类；用于行车队列、鼓舞士气、文艺宣传的军乐也可以单独成为一个音乐门类；用于体操、滑冰的音乐可以归类为运动音乐；用于社交与娱乐休息的舞曲，也可以成为一个单独的音乐门类。这一分类方法是最简单的分类方法，也是艺术鉴赏中最常见的音乐分类方法。

（2）在一些音乐作为工具和重要组成部分的艺术门类中，我们还可以按照音乐在与其他艺术门类相结合时对音乐的运用方式来分类。例如，与语言相结合的音乐就成为歌曲类音乐；音乐与戏剧表演相结合的歌剧、戏曲类也可以成为专门的音乐门类；音乐与舞蹈表演结合在一起形成的舞剧也可以成为一门专门的音乐；与电影结合在一起的电影音乐，等等。

（3）根据表演人员在进行音乐表演时采用的不同物质手段来分类也是一种常见的手段。这种手段常用在音乐教育与表演组织中，可以有效指引相关人员进行学习与工作活动。首先，根据人体发声与乐器发声的区别，可以宽泛地分为声乐和器乐两大类，然后再依据生产组织和不同人群的需求进行专门分类。在声乐体裁中，根据表演人数和演唱节奏的不同，还可以进一步划分为独唱、重唱、齐唱、合唱，等等。

与声乐相比，器乐体裁的类别更加纷繁庞杂。首先按照使用乐器的数量和方法进行归纳，可以分为独奏、齐奏、重奏与合奏四类。而按照演奏乐曲所使用的乐器及乐器的组合形式不同，又有小提琴独奏、弦乐四重奏、木管五重奏、钢琴协奏曲、交响乐、铜管乐、丝竹乐、吹打乐、锣鼓乐等不同的体裁样式。

在音乐教育中，通常需要综合考虑音乐的内容、题材、情趣、格调、表现方式等方面的特征，又可将其分为通俗音乐和严肃音乐两种。通俗音乐，是指普通社会大众进行娱乐活动时所使用的音乐。它的范围十分广泛，形式不拘一格，既包括那些在人民大众中产生、流传并得到再创造的民间音乐,也包括音乐工作者创作的"轻音乐"作品。严肃音乐,则是指那些内容比较严肃,题材比较重大,情趣格调庄重,表现形式比较复杂的音乐作品,包括交响乐、室内乐、大合唱等。

(4)在专业的音乐领域,还可以按照乐曲的结构规模、织体类型、节拍速度、表情性格来进行分类。如组曲、变奏曲、回旋曲等,都与一定的曲式结构相联系,属于曲式音乐;赋格曲、创意曲、轮唱曲都属于复调织体类型音乐,简称复调音乐;小夜曲、嬉游曲、谐谑曲、幻想曲、狂想曲等与乐曲的情绪、情调相联系,属于抒情音乐。

(5)在进行地域、族群间音乐作品比较的时候,还可以按照乐曲的民族特点、地区特点来分类,按照世界各国、各民族、各地区特有的标志性乐种进行划分。例如,同是高吭、辽阔的山歌,一说到陕北黄土高原的音乐,就想起当地有名的信天游;一说内蒙古草原的音乐,就想到长调;一说到黄河上游湟水流域的音乐,就想到花儿;一想到南美风情,就不由自主地想到拉丁音乐。不止声乐的典型特色,器乐题材也具有鲜明的地方特色,如江南丝竹、河北吹歌、潮州锣鼓等。

(6)按声部和声部状况分为单声部音乐、复调音乐和主调音乐。单声部音乐,是只有一个旋律的乐曲,如无伴奏的独唱、独奏、齐唱等。复调音乐,是在和谐的前提下,几个曲调参差进入,它们既相互配合又独立发展,由此形成的一种乐曲。复调音乐在巴赫手中达到了高度完美的境界。主调音乐,是指一个声部演奏主旋律,其余声部用和声给主旋律伴奏的一种音乐。

(7)按音乐的性质分类,可以分为纯音乐、标题音乐、轻音乐和爵士音乐。纯音乐,是完全靠音乐语言,而不借用任何标题来表达作品的内容。其中也有曲名,如"第一奏鸣曲"等,但这仅指音乐的体裁,并不表明乐曲的内容。欣赏者应对自己准备聆听的乐曲的作曲家所处的年代、经历、世界观以及乐曲产生的背景等有大概的了解。

标题音乐,是根据一定的主题构思并用标题暗示中心内容的器乐曲,常取材于文学、戏剧、历史、民间传说或现实生活。它们用详细的文字说明全曲及每一乐章的特性。可以说,标题音乐是音乐的文学化。标题是作曲家预先指示的一个方向,以帮助欣赏者去联想,并没有任何局限的作用。

轻音乐,指轻快活泼、通俗动听、结构短小的音乐,是与严肃的古典音乐相对而言的。欣赏轻音乐不需严肃的思考和理智活动,它只给人以美的享受,陶冶人的情操。

爵士音乐,是一种通俗的舞曲性质的音乐,是从美国黑人中兴起的。这种音乐没有固定的乐谱,每个乐手都即兴演奏,保持着大致的"默契"。

这些分类方法都有着鲜明的群体主观性,目的是更好地服务音乐创作与传播。随着时代的发展,越来越多的音乐体裁也会被创造出来,使得音乐艺术日益呈现出缤纷斑斓的形态。

第四节　音乐艺术的审美特征

在掌握了音乐艺术的概念、基本特征和艺术语言之后,再对音乐艺术的审美特征进行深入的了解,就会产生与之前完全不同的审美体验。这时,我们就会深刻地发现:与一般性的艺术接受不同,艺术鉴赏对于一门艺术审美特征的把握要更科学严谨,也常常能发现隐藏在艺术品背后更多的奥秘,获取更多元的审美体验。

音乐艺术的审美特征主要表现在以下几个方面:

一、音乐具有强大的精神感染力

结合之前所学的知识,我们可以发现音乐艺术具有与其他艺术不同的独特的艺术魅力和审美特征。作为一种具有强烈感染力的艺术形式,音乐最大的特点就是能够直接在人们的心灵深处产生强烈的共鸣,有更为强大的感化人心的力量。音乐艺术对于人的意义不只是给人们精神生活提供享受,而且还直接参与改造人的审美结构,提高人的审美能力,激活人的审美自觉,甚至在社会大众的"三观塑造"当中扮演着非常重要的角色。正是如此,音乐艺术也就成为一种与意识形态高度关联的艺术形式。

图 4-10 油画《义勇军进行曲》,作者全山石

在音乐鉴赏的过程中,如果忽视这种意识形态的差别,是一件令人遗憾、让人担忧的事情。自有文字记载以来,音乐就一直在社会治理方面扮演着重要的角色,自上而下的各个阶层都用音乐宣扬自己的观念。现存有据可考的流传较广的最古老的歌谣是《击壤歌》,歌词"日出而作,日入而息。凿井而饮,耕田而食。帝力于我何有哉"中就已经存在鲜明的意识形态特色。在今天,我们在 KTV 中的嘶吼与演唱会现场的摇摆,又何尝不是在用音乐这种形式来表达自己的意识形态立场呢?

二、音乐在反映现实方面存在特殊性

音乐艺术同其他艺术一样,是现实生活的反映,具有一定的内容。但音乐主要通过声音塑造音乐形象,更注重表现一定的情感,而在反映现实生活方面无法做到细致到位。也就是

说,音乐对现实生活的反映与其他艺术形式相比存在特殊性,它不能再现描绘客观的生活过程和具体事例,而更侧重于音乐家情感的直接抒发和涌流。

在反映现实方面,音乐所塑造的形象是间接的,听众在声音中所接受的只能是音乐家对生活的感受,无法直接触及艺术家所体验的生活本身。就以我国著名民间艺人阿炳的二胡作品《二泉映月》来说,我们很容易从中感受到阿炳的丰沛情感,并自然而然地感觉到他的一生跌宕起伏,充满了苦难,但如果不接触文本中记录的故事,是无法听出阿炳一生的经历的。

三、音响美和旋律美的感知因人而异

因为人们在听觉上的差异,在感受音乐艺术的音响美的时候,所获得的感受也存在诸多差别。不同个体在音乐音响的辨别能力上就存在诸多差异,具体在对音乐的音高、节奏、旋律、节拍、速度、力度、音色、调式、调性、和声、织体及曲体等基本要素的辨别上,没有经过专业训练的人很难分辨出其中的微妙差异。音乐音响辨别能力的高低,往往决定着音乐感知能力的高低,如果一个欣赏者连二拍子和三拍子都分不清楚,那么他就很难听得出进行曲和圆舞曲音乐效果的区别;如果欣赏者对各种乐器的音色缺乏辨别能力,那么也会影响其欣赏丰富多彩的作品的音响效果。

同样的问题,也出现在对旋律美的感知上。对于一段优美的旋律,如果在缺乏歌词、画面、故事引导的前提下,每个听众都会根据自己的生活阅历和艺术素养来给出属于自己的解读,从而获得不一样的感知体验。而只有很少数的人能够做到在脑海中放弃歌词和画面对旋律的暗示和依赖,单纯地跟着音乐的旋律在音乐的海洋中徜徉。一般来说,未能入门的鉴赏人在音乐鉴赏中老是会想这旋律表达的是什么意思,或者老是记住某些大师的说教或诠释,而忘记了音乐的鉴赏更多的是自己与音乐的对话,太多的干扰因素不能让鉴赏人得到真谛。

四、多姿多彩的抒情美和结构美

抒情美和结构美是音乐最能打动人的审美特征。

音乐本身就是抒情的艺术,也正是因为其特有的抒情性,才能用美妙的音符不断地拨动人们的心弦,感染着人们的情绪,向人们的心灵深处传达着其他方式难以传递的深情。奇妙的是,音乐的表达相比其他艺术形式更没有隔阂。它不需要语言描绘,就能使得不同国度的人们为曲中所表达的喜怒哀乐而共情;它不需要色彩,就能够让人们见识到一个绚丽的世界。我们去听不同国度的经典音乐作品,就能迅速而又直接地感悟到音乐的抒情性。

比如,作为法国国歌的《马赛曲》,歌词满腔热情地召唤人们去完成法国大革命的历史使命,而音乐以军号的基本音调为核心,加之铿锵的附点节奏,即使不懂法语的人也能感受到那种昂扬的战斗精神。法国著名抒情歌剧作家马斯涅的《悲歌》,则用沉缓的演奏速度,将悲凉的情绪表达得淋漓尽致,那种由于爱人远走他方而万念俱灰的痛楚心情能飞速引起有感情经历的人的共鸣。每当演奏者用琵琶弹起《十面埋伏》,我们似乎不由自主地来到了古战场,感受到铁马金戈、殊死搏斗、杀机四伏的战斗情景。

音乐的结构与其他艺术相比,最突出的特点是不需要物质造型,于是就能构造出一系列超越物质的心灵震撼之美。一段段音符抚过耳畔,直达心灵,在人的心底构建出一个个无实体而又宏大无比的精神世界。这种宏大建构,与音乐的结构之美有着密不可分的关联。在

图 4-11　舞剧《十面埋伏》剧照

音符的跳跃中,旋律、节奏、和声组成多声部的织体,发展成全曲,虽然在状物和叙事上做得很少,却把充沛的感情充分建立起来。

总之,音乐区别于其他艺术形式而独具魅力,它不会为其他艺术形式所替代,相反,它是其他艺术形式,如歌剧、戏曲、舞蹈、电影等所不可或缺的。

思 考 题

1. 在建立音乐艺术概念的过程中,我们用哪八个问题的提出与解决来实现这一过程?
2. 音乐艺术的四大基本特征分别是什么?
3. 音乐艺术的语言主要由哪三个层面构成?
4. 典型的曲式结构有几种?分别有什么特征?
5. 音乐艺术的体裁和分类的划分是如何进行的?
6. 音乐艺术的审美特征具体有哪些?
7. 如何借鉴音乐艺术鉴赏的过程,对其他艺术形式进行深入鉴赏?

课 外 延 伸

1. 请你在网络音乐平台寻找音乐大师雅尼的作品,并试着进行鉴赏。
2. 请你结合当时的时代背景,试着对冼星海的音乐作品进行鉴赏。
3. 请你调查流行音乐与学院音乐受众人群的差别,并试着分析成因。

第二部分
艺术作品及其层次

  在第一部分的内容中,我们学习了艺术分类与鉴赏方面的基础知识,使大家从经验性的审美中走出来,进入到艺术鉴赏的世界,将自己的情感与艺术家的情感初步打通。这种成长是可喜的,但这还只是入门,想要更深入地进入艺术鉴赏的世界,就要对艺术作品的概念及其层次有更深入的理解。

  在这一部分的内容中,我们将就作品与艺术作品的辨析、艺术作品的价值及其判断标准、艺术作品的三个层次这三个课题,来深入地理解艺术作品这个概念,进一步掌握对艺术作品深入鉴赏的思想工具。

第五章　作品与艺术作品

如果我们对近些年的艺术市场有足够的观察，就能发现许多乱象已经发生：一些不能被称为艺术作品的作品，被当作艺术作品强行进行鉴赏；一些甚至不能被称为作品的事物，被当作艺术作品进行包装。这些乱象存在的根由是一般人群的思维中对作品与艺术作品概念的模糊不清，这种模糊不清给不良商人提供了大量钻空子的机会。

下面，我们从现行法律的角度出发，对作品与艺术作品的概念进行辨析，并在这个过程中进一步形成对艺术鉴赏的对象是什么的深入认知。

第一节　作　品

一、作品的概念

在我国以及绝大多数国家的法律体系中，作品是指通过作者的创作活动产生的属于文学、艺术或科学领域内的具有独创性并能以一定形式表现的智力成果。我们仔细分析其中的关键词，再对照艺术传媒环境中的一些现象，就能发现这个概念对应的主体只能是人类和人类构建的社会实体，动物无法成为作品版权权利主张的主体。

2011年，英国摄影师史莱特（David Slater）来到印尼苏拉威西岛（Sulawesi）工作，对当地一群珍稀的印尼黑冠猴产生了浓厚的兴趣。在跟这群猴子混熟后，史莱特把调好的相机放在它们中间并诱导它们使用。然后，一只6岁的印尼黑冠猴"鸣人"（Naruto）对着镜头露出微笑的同时按下了快门，留下一张堪称经典的印尼黑冠猴露齿笑自拍照。对于这张照片，史莱特非常得意，把它跟其他动物的自拍作品一起放入自己的作品《野生动物的个性》（Wildlife Personalities）一书中，引发民众热议，获得极大反响。史莱特也因此名利双收。三年后，史莱特发现"维基百科"未经同意擅自使用他的猴子自拍照，于是要求对方撤下照片或者支付费用。"维基百科"拒绝，理由是自拍照的主人是猴子，不是他，所以照片不属于他。隔年，史莱特试图向美国著作权局申请该张照片版权，再度被拒绝，理由是除人类以外，自然、动物、植物所产出的作品都不拥有版权。最终，这张引起广泛好评的照片被法官判定为"公共财产"，也就是说，史莱特与猴子都不被判定为作品的作者及受益人。史莱特也因为这场旷日持久的官司"名利双失"，一度陷入经济窘境。

除了作品的创作者必须是人类和社会实体以外，还有一定的适用范围，也就是说只有属于文学、艺术或科学领域内的智力成果，才能被认定为是可以受版权法律保护的作品。根据大多数国家的版权法和主要国际版权公约的规定，可以受版权保护的作品包括小说、诗词、散文、论文、速记记录、数字游戏等文字作品；讲课、演说、布道等口语作品；配词或未配词的音乐作品；戏剧或音乐戏剧作品；哑剧和舞蹈艺术作品、绘画、书法、版画、雕塑、雕刻等美术作品;实用美术作品;建筑艺术作品;摄影艺术作品;电影作品;游戏作品;与地理、地形、建筑、科学技术有关的示意图、地图、设计图、草图和立体作品。

图 5-1 引起版权争议的印尼黑冠猴自拍照

二、作品受著作权保护的条件

概括地说,法律体系中受著作权保护的作品必须具备以下三项条件:

1. 独创性

独创性,是作品受著作权保护的首要条件,细究起来,又包含独立完成与具有一定创造性两个因素。独创性中的"独"是指"独立完成",而非独一无二。上面的印尼黑冠猴自拍照案例中,摄影师史莱特就因为"快门由猴子按下",而被判定为不符合"独立完成"原则,作品的版权也因此失去。而有的时候,即使两件作品高度一致,但如果是先后由不同的作者独立完成,也均可各自产生著作权。典型的如风景摄影作品,一处美景可能有多个摄影师先后甚至同时进行独立拍摄,角度、取景、拍摄技巧等基本一致,最终出现的多张图片也高度雷同,而这些照片在法律上也构成独立作品。

具有一定的创造性,是独创性的另外一个方面。也就是说,作品要体现出一定的智力水平和作者的个性化表达。如果一件物品是天然形成的,如右图 5-2 中的菊花石,是一幅惟妙惟肖的菊花图案,却无法被认定是一件作品。与之相比,一些不具备美感的创造,会被看成是作品。这是因为创造性的判定不依赖艺术水准的高低,只要能够独立按照自己的安排、设计,独特地表现出自己真实情感、思想、观点,不管是美术大师的画作还是稚童的涂鸦,都能够成为作品。

图 5-2 天然菊花石摆件

2. 以一定形式表现

在法律实践中,作品必须以一定的形式表现,要让一般的社会大众能够直接感知到,不支持作者缺乏一定形式表现的"自我宣称"。也就是说,如果你是个画师,你已经绘制的画会受到法律的保护。但是你想画画的想法思路不受保护,即使你的思路非常完美,完美到具备类似技能的人只要听过一遍就能表现出来也不行。因为所有人都可以有想画画的想法,人们的思路也可以相同,法律体系在无法用实际存在的证据体系来证明具体思路是你独创的情况下,无法颁给你专利。同样的道理,一个作家已经付诸文字或者被其他形式准确记录的作品,会受到法律的保护。但是他写书的想法、思路不受保护,因为法律允许别人对具体问题进行同样的思考,并在这些思考的基础上进行创作并形成作品。

也就是说,著作权法保护的是思想的表达而非思想本身,作品应当是智力成果的表达,可供人感知并以一定形式表现出来的。思想是抽象的、无形的,不受法律保护,仅当思想以一定形式得以表现之后,方能被他人感知,才能成为受法律保护的作品。

3. 属于文学、艺术和科学领域内的表达

最后,能够成为著作权法保护对象的作品,还必须是纯粹的艺术美感形式,而非其实用功能。在法律体系中,专注于实用功能的事物,更多地属于专利的范畴,而非作品的范畴。一件景德镇出产的茶杯,是兼具艺术美感与实用功能的作品,但在具体的法律实践中更强调其独特的艺术美感。因为茶杯这一类物品的实用功能属于先人遗留下来的公共资产,不为任何个人和实体所独占。而与实用功能可以分离的艺术美感,则可以获得著作权法保护。也就是说,法律保护这个茶杯的艺术美感形式,相应著作权的持有人可以以无授权生产具有这种艺术美感形式的茶杯为由向侵权者索赔,却无法以他人生产茶杯为由索赔。

三、我国法律中规定的作品种类

在长期的法律实践后,我国现行的《著作权法》和《著作权法实施条例》将作品种类分为以下几类:

(1) 文字作品,指小说、诗词、散文、论文等以文字形式表现的作品。

(2) 口述作品,指即兴的演说、授课、法庭辩论等以口头语言形式表现的作品。

(3) 音乐、戏剧、曲艺、舞蹈、杂技艺术作品。音乐作品,指歌曲、交响乐等能够演唱或者演奏的带词或者不带词的作品;戏剧作品,指话剧、歌剧、地方戏等供舞台演出的作品;曲艺作品,指相声、快书、大鼓、评书等以说唱为主要形式表演的作品;舞蹈作品,指通过连续的动作、姿势、表情等表现思想情感的作品;杂技艺术作品,指杂技、魔术、马戏等通过形体动作和技巧表现的作品。

(4) 美术、建筑作品。美术作品,指绘画、书法、雕塑等以线条、色彩或者其他方式构成的有审美意义的平面或者立体的造型艺术作品;建筑作品,指以建筑物或者构筑物形式表现的有审美意义的作品。

(5) 摄影作品,指借助器械在感光材料或者其他介质上记录客观物体形象的艺术作品。

(6) 视听作品,指由一系列相关的固定图像组成,带有或不带有伴音,能够被看到的,并且带有伴音时,能够被听到的任何作品。

(7) 工程设计图、产品设计图、地图、示意图等图形作品和模型作品。图形作品,指为施工、生产绘制的工程设计图、产品设计图,以及反映地理现象、说明事物原理或者结构的地图、示意图等作品;模型作品,指为展示、试验或者观测等用途,根据物体的形状和结构,按照一定比例制成的立体作品。

(8) 计算机软件。由于计算机软件的特殊性,计算机软件作品按照《计算机软件保护条例》的有关规定进行保护。计算机软件是指计算机程序及其有关文档。其逻辑类似于对建筑作品的保护,又有所区别。

(9) 符合作品特征的其他智力成果。这一条是法理中的"兜底条款",为可能出现的其他作品形态做保护准备。对一般个人来说不具备实质的意义,仅具有社会层面的法律意义。

通过对法律意义上作品的了解,我们已经对作品的实质含义有了深入的了解,纠正了一些之前的思路偏差,也认识到作品是一个比艺术作品涵盖范围更广泛的概念。在下面的内容中,我们将在这个概念的基础上,厘清艺术作品的概念。

第二节 艺术作品概述

一、艺术作品概况

在世界主要国家的法律体系中,艺术作品是受保护作品的一个特殊门类。也就是说,先有作品,然后才有艺术作品。艺术作品属于作品,却又比一般的作品更具有鲜明的特色。艺术作品与非艺术作品的差别,一个核心的表现在于是否"给人们以美的感觉带来欣赏者的休闲娱乐达到放松的目的从而引起人们喜爱"。很明显,在上一节中提到的很多作品形式并不满足这一点。如一些反映战争纯粹阴暗面的摄影作品、视听作品、纪实文学作品,工程设计图、产品设计图、地图、示意图等用来反映客观事物的图形作品,纯应用性的计算机软件,都无法被认定是艺术作品。

现代所指的艺术作品的种类包括电影、电视剧(综艺节目)、油画、绘画、雕塑、雕刻等。有些国家的版权法中把建筑作品和摄影作品也列为艺术作品,但很明显不是所有的建筑作品都能够被称为艺术作品。因为音乐作品的表现形式比较特别,所以,在一些国家的法律中把音乐作品列为受保护作品的一个特殊门类,包括我国在内的大多数国家的版权保护法中,艺术作品的概念也包括音乐作品。同时,在大多数版权法中,艺术作品还包括实用艺术作品。

可见,艺术作品之所以成为艺术作品,是因为其首先是作品,然后再具有"能够给人以美的感觉"的艺术特点,才能被认为是艺术作品。与一般的作品相比,艺术作品是创作者通过艺术构思和艺术创作,将头脑中形成的主客体统一的审美意象物态化,创造出来的审美鉴赏的对象,其内容是艺术作品的题材、主题、细节、情节、情感等要素的总和。

二、艺术作品的特征

概括地说,艺术作品具有以下五个特征:

首先,艺术作品必须是艺术家刻意创造的作品,不能是天然的物品。一株自然的美丽花木不能算是艺术作品,苏州园林里被精心栽培的花木则属于艺术作品,即使二者之间高度相近也无法影响这一结果。

其次,它必须具有审美性,能够给人带来审美体验。需要注意的是,这种审美体验的要求不是全面的。从其内容看,题材、主题、细节、情节、情感等要素中只要在一个及以上的方面给人带来审美的体验,就可以被认为具有审美性。比如很多艺术作品中出现的单纯的丑角,往往也有其一定的闪光点,更显得真实、打动人心,这就是审美性的一种具体体现。

第三,艺术作品必须表现艺术学科部分元素或艺术模糊元素。从这个意义上讲,艺术作品的认定要在一种艺术形式被确认之后。先有艺术,后有艺术作品,而非相反。也就是说,艺术作品是艺术形式基本走向成熟之后才出现的,而在艺术形式成熟之前的探索性作品往往很难被认定为艺术作品。比如,最初的陶器只具有实用价值而外观粗陋的,这时候制作陶器的人只能被称为制陶匠,而不能被称为陶艺师,因为在这个阶段的制陶作品不具备一定的艺术元素。而当第一个具有审美价值的陶器出现而获得认可,艺术元素开始在制陶工作中出现,也就有了作品与艺术作品的分野。

图 5-3　产自西藏地区的手工陶器

第四,艺术作品必须是艺术家对艺术元素进行刻意转换的作品。当艺术发展到一定程度之后,艺术作品必然要求艺术家对艺术元素进行创新,也就是对艺术元素进行刻意转换。仍用陶器的发展作为例子,当一个具有审美造型的陶器出现,另外的人对这种美丽的造型进行拙劣而非刻意的模仿,我们很难认为这种作品属于艺术作品的范畴。而一个艺术家在借鉴他人艺术作品的基础上,加入自己的理解,创造出具有别样审美价值的作品,则可以被称为艺术作品。

最后,艺术作品必须是陈述表现了独创性或首创性艺术内涵或艺术边界拓展的独特性和个性化作品。这一点对于能够对艺术作品进行大规模工业生产的现代来说,尤为重要。我们说一幅画是艺术作品,而它的等比例复制品则无法被称为艺术作品。因为后者是对前者的机械复制,并没有在自身的内容中陈述表现出独创性或者首创性艺术内涵或艺术边界拓展的独特性和个性。

总之,只有符合以上五个特征的作品,才能被称为艺术作品。

思考题

1. 什么样的成果可以被称为作品？为什么天然奇石不是作品？
2. 为什么世界上普遍的法律体系都不认可动物"创作"的成果是一种作品？
3. 受著作权保护的作品必须具备哪些条件？为什么法律保护思想的表达而不保护思想本身？
4. 艺术作品的五个特征分别是什么？
5. 你有没有在生活中发现正在从单纯生产走向艺术的活动？请试着举例说明。

课外延伸

1. 试着调查身边人群中对"作品"与"艺术作品"概念的认知与辨析，试着分析并得出结论。
2. 在生活中寻找自然之美，并试着与艺术作品的美进行比较，说说两者之间的异同。

第六章　艺术品的价值及衡量方法

在艺术作品鉴赏的过程中,对艺术作品的价值进行判定是一个难题,也是容易引起诸多争议的地方。许多没有经过专业训练的人,往往只能以自己的价值观为尺度来衡量艺术作品的价值,从而得出"艺术无价""艺术无用"等极端结论,而不能以一种客观的尺度来判断艺术作品的各种价值。在本章的内容中,我们将用两个小节的内容,把艺术作品的价值及衡量方法相关的知识介绍给大家。社会语境中,艺术作品一般被称为艺术品,为方便表达,我们在以后的表述中将更多地使用艺术品这一通用称谓。

第一节　艺术品的六大价值

不同的艺术品,在时代远近、美学标准、风格形态等方面有诸多的差异,但其价值组成大致有规律可循。我们在评价艺术品价值的时候,不管是对部落时期的玉雕作品,还是现代的手工艺品,一般都从审美价值、文化价值、历史价值、学术价值、社会价值、经济价值六个方面来综合评价,如此才能将艺术品的价值清晰地表述。

一、艺术品的审美价值

审美价值是艺术品的内在价值,也被称为美学价值,也是艺术品区分于其他作品的根本价值。人们在鉴赏艺术品的过程中,能够从视觉、听觉、触觉、思维等多个层面产生愉悦感,形成一种幸福感。这种净化灵魂、陶冶性情的作用就是艺术品审美价值的具体体现。这种审美价值的体现还将是长效的——人们接触艺术品,无形中也是在接受人类最优秀的精英所留下来的精神创造,身心沐浴其中,获得精神层面上的滋养,并有可能从中培养出借鉴与创新的综合能力,提高自身生命的价值与品质。

二、艺术品的文化价值

艺术品还是文明传承的重要载体。从宏观到微观层次审视文明与艺术品的关系,我们会发现一条清晰的线路:文明造就文化,文化孕育艺术,艺术创造出艺术品;从微观到宏观的层次审视就会是另外一种光景,艺术品形成艺术的记忆,艺术的记忆表现了文化的高度,文化的高度

图6-1　成为中国文化代表之一的中国结

则体现了文明的高度。我们可以看到,在文明传承的过程中,艺术品扮演着极其重要的角色。从世界主要文明的艺术品传承体系看,我们可以清晰地看到一个区域的艺术受到自然、人文、传统的影响而各有体系,艺术是最为贴近文化发展脉络的承载形式。好的艺术品可以超越区域、言语的隔阂,成为不同文化体系间沟通交流的鲜活素材。

三、艺术品的历史价值

艺术品,尤其是收藏级别的艺术品,其中相当一部分是特定历史的见证与传续,在相应历史事件的解读中扮演着极其重要的角色。对于那些遥远的过去,我们已经无从知晓,这些艺术品往往是留存下来的少数史料,为人们解读历史提供一把把重要的钥匙。一旦少了这些钥匙,一段珍贵的历史记忆或许就此湮灭或变得无从考证。这种极为珍贵的历史价值是全人类共同的财富,往往无法用金钱来衡量。

图 6-2 越王勾践剑

四、艺术品的学术价值

一件优秀的艺术品,对于该艺术门类有着学术研究的价值,是研究这些艺术门类的重要坐标。在艺术发展的过程中有一个很有趣的现象,那就是同一时代的艺术研究往往滞后于同一时代的艺术创作,而罕见艺术研究领先于艺术创作的现象。这种现象的直接体现,就是在艺术史上一直不乏"怀才不遇""大器晚成""命途坎坷"的大师。在西方绘画史上,文森特·梵高是典型代表;在我国绘画史上,齐白石先生是典型代表。如果他们的作品没有被很好地保存下来,我们就无法在一系列的比较中发现他们艺术之路的成长过程,而这一点对于艺术研究至关重要。同时需要指出的是,艺术品这一价值的实现不是学术界的专利,艺术作品的收藏与传承也是非常重要的环节。

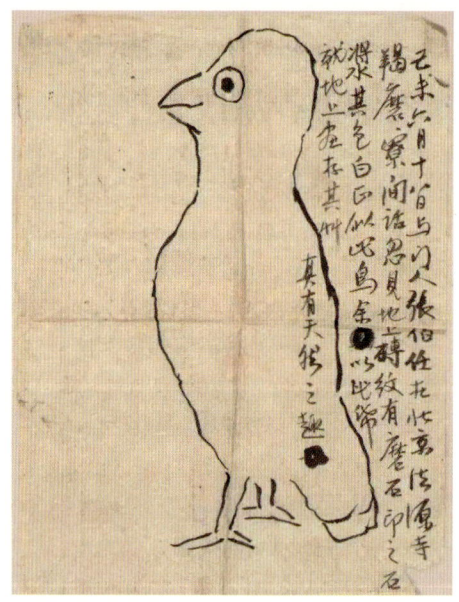

图 6-3 齐白石画作《砖纹若鸟》

五、艺术品的社会价值

艺术品是艺术家的精神生产,而任何精神生产都必须以物质生产为基础,这就使得艺术作品天然具有一定的社会价值。从我们自身观察,所处的社会环境会影响我们的求学与择业,而艺术家所处的社会环境也必然影响艺术家的创作。如果一个艺术家脱离社会,他的艺术之路在很大程度上会走向孤立。艺术家与社会环境这种不可分割的关系,使得艺术品中凝结了许许多多的社会财富。艺术家把自己对时代的思考和感受投入到艺术作品的创作过程中去,彰显了时代精神,反映了所处社会的意识形态,还将反过来促进社会意识形态的发展。最终,艺术家创造的艺术作品不仅丰富社会审美产品,也使得社会的发展趋于和谐。

图 6-4 用音乐深入影响中国社会的人民音乐家冼星海

六、艺术品的经济价值

在以上五种价值的基础上,艺术作品还有一定的经济价值。如果脱离了以上五种价值,艺术品的经济价值也就很难让人信服。在艺术作品的价值认定体系中,这一价值是最直观的,也是最难厘清的,需要对艺术品的以上五种价值进行综合评判的基础上,在市场交易中结合其他元素进行评判。但总体上,艺术作品作为艺术劳动的成果,艺术家所赋予作品的内涵越丰富、越生动,艺术语言表达越独特,艺术技巧的难度越大,其作品的现实经济价值就越高。在下面的一节内容中,我们将就这个问题展开论述,具体讨论有哪些元素在影响着艺术品的经济价值。

第二节　艺术作品经济价值的判断方法

在艺术鉴赏中的一个难点,如何对一件艺术作品的经济价值进行相应的量化。在社会实践中,人们对艺术作品的价值判定具有鲜明的主观倾向。在古玩市场上,盛传的"捡漏"就是这一现象的典型体现。收藏家视若珍宝的定窑瓷器,在一个不识货的人眼中,可能只是一个不怎么起眼的简陋器皿。前者愿意倾家荡产来换取,后者可能一顿饭钱就乐意割舍。两者之间的差别,就在于是否懂得艺术作品经济价值的判断方法。

图6-5　台北故宫珍藏的定窑瓷器

首先,艺术作品作为艺术家智力劳动成果的结晶,可以作为一种特殊的商品在艺术市场中进行流通,也就天然具备社会上普通商品的两大基本属性:使用价值和价值。与普通商品有所区别的是,艺术品的使用价值更多体现在精神层面,以满足人们的某种审美需要和精神需要为目的,与普通商品更多体现在物质层面并满足人们生产生活的实际需求为目的迥然不同。一件艺术品显然并不可能满足所有人的审美需要和精神需要,这就使得它的使用价值因人而异。一把上等的紫砂壶在喜欢它的人眼中,是不可割舍的心头好,要用上等木料制成的架子摆放;在无感的人眼中,或许这只是一件造型有点别致的茶壶而已,用来泡茶的时候失手摔碎了也不会过于心疼。可见,艺术品的使用价值受到主观因素的影响极大,人的主观因素对艺术品使用价值的形成起到决定性作用。

在马克思主义的论断中,一切商品的价值都是凝聚在其中的无差别的人类劳动,艺术品也是如此。而衡量一件商品价格的尺度,通常由市场货币来表现,并最终体现在成交价格上。具体而言,艺术品价格反映了艺术品与货币相互间的交换比率,以及市场中潜在购买人群对艺术品价值的商业认同,并主要由艺术家自身劳动所创造的价值和艺术品市场供求矛盾关系所决定。与一般的商品不同的是,艺术品的创作具有自主性、个体性、创造性和不可重复性等特殊属性,无法像一般商品实现批量生产,在创作过程和创作时间上也存在诸多的不确定性。这些不确定性叠加在一起,使得受社会追捧的顶级艺术品的市场供应远远小于需求,在市场中广受追捧;不受追捧的艺术品则不一样,供应与需求没有那么失衡,在市场中不温不火,有的佳作也位列其中,备受冷落。这些现象结合我们直观的社会经验得到一个结论,艺术品的价格与社会必要劳动条件、劳动强度和劳动效率在逻辑上并无必然的因果关系。例如,凝聚在原始人创造的一件巴掌大小玉石艺术品上的时间单位或许需要一名熟练工匠数年光阴,但也绝对比不上建筑工业中修建一座教学楼所用的各种物料中所包含的劳动时间综合。但很显然,两者在市场上的价格比率并不与劳动时间的比率相符,

图 6-6　国家博物馆珍藏的红山玉龙

前者就未必比后者的市场成交价格更低。如,"华夏第一龙红山玉龙"就是无价的国宝,一般意义上的现代劳动无论如何累加往往都不能超越其所蕴含的潜在市场价值。

所以,作为艺术品价值的货币表现,艺术品的价格能在一定程度上表现出艺术品作为商品的相对价值,但艺术品价格的确定更多地取决于各种市场因素,而不是作品本身的质量。艺术品的价值与价格之间的关系在很多情况下是非常复杂和不稳定的。仅仅根据艺术品的价格来判断艺术品价值的高低是荒谬的。决定艺术品价格的因素除了价值外,还有许多其他非价值的因素值得考虑,这些因素可以被归为本身因素、外部因素两大类。

一、自身因素

影响艺术品价格的本身因素包含作者的知名度、作品质量、作品的年代和存世量、作品规格四个方面。不同艺术品在这四个方面的差别,都在无形中影响着艺术品的使用价值,最终反映在市场价值也就是交易价格上面。

在艺术品的市场交易中,其最终成交的价格与该作品作者的名声,或者更精确地说是与美誉度密切相关。作者的名声越响,历史评价越高,其作品的市场价格也就相对越高。如果一个艺术家的艺术技艺高超却没有很响亮的名声(如明代绘画家孙克弘),甚至名声很响但

美誉度欠佳(宋体字的代表者秦桧),都不会卖出太好的价格。而一件不甚起眼的艺术品只因出自名家之手,往往能卖出一个一般艺术家难以企及的高昂价格,如齐白石"衰年变法"之前的作品。究其原因,艺术品作者的名声在很大程度上影响着买家的使用体验,对买家的审美倾向有着极大的引导作用。

作者的知名度是影响其作品市场价格的重要因素,而作品的质量则是市场价格的决定条件。同一时代的不同作者产出的同类艺术品,往往大名家的普通之作在价格上会逊于知名艺术家的精品之作。当两者摆在一起的时候,即使有美誉度加成,但作品带给人们的美感会诚实地反映在成交价格上。而与大名家的精品之作相比,知名艺术家的精品之作在质量上又无法媲美,这同样如实地反映在成交价格上。由此可见,在艺术家没有背负恶名的前提下,艺术品质量的优劣是艺术品价格的决定性因素。对于艺术品质量应如何评价,我们将在下一个章节中进行详细展开。

艺术品价格除了受作者的知名度和作品质量的影响,还受作品时间的久远和存世量的巨大影响。同等质量的艺术品,越是时间久远的,价格越是高昂,存世量越是稀少的,越受追捧。时间越是久远,越是能够体现艺术品的文化价值、历史价值、社会价值和学术价值,这些价值也会反映在最终的成交价格上。市场交易的通用法则是"物以稀为贵",存世量越小的,相对而言价格越高。

除了受以上三种因素影响外,作品的规格也对作品的价格有一定的影响。不同的规格给艺术家创作带来不同的困难,比如等身雕塑的创作难度与核雕的创作难度就不可同日而语。同等质量的作品,核雕会被认为是难得的艺术精品,而等身雕塑则被认为是粗陋的作品。类似的,在书法作品中,大幅式的作品对毛笔、技法、装裱的要求更高,而且往往是给特定对象的定制品在市场交易中获得追捧。

二、外部因素

除了艺术品自身的因素外,外部因素对艺术品价格的影响也不可忽视。一定时代的历史背景、文化传承、艺术交流、审美心理、价值取向、经济状况、国家有关政策以及市场需求、媒介"炒作"程度等因素都对艺术品的最终成交价格有一定的影响。

在1966—1976年的特殊历史时期,国内社会自上而下对主流艺术品的交易产生了较大的偏见,艺术品的价格一落千丈,很多艺术珍品流落海外甚至被直接毁坏。到了改革开放以后,社会思想大解放,遗留下来的艺术品价格开始水涨船高。这一巨变,非常直观地体现了一定时代的历史背景对艺术品成交价格的巨大影响力。

在古代艺术品市场中,有文化传承的文明所遗留下来的文物,在价格上要远高于没有文化传承的文明所遗留下来的文物,

图 6-7 玛雅文明的精美玉器

即便二者在材质与作品质量层面相差无几。古埃及的陶罐与我国同时代的陶罐相比，在国际艺术品交易市场上的价格就差距较大；南美玛雅文明的精美玉器在国际艺术品交易市场上的价格，与我国古代的玉器价格也相去甚远。

在跨地区的艺术交流中，同样一件艺术品也会收到多个报价。一件在 A 地区受到热烈追捧的艺术品，到了 B 地区可能就变成门可罗雀的冷门艺术品；一件在 C 地区成交量乏善可陈的艺术品，到了 D 地区可能就变成一货难求的市场宠儿。这些跨地区的市场反应又会反馈到原先的产地，对原产地的价格产生一定的影响。比如日本的浮世绘，最初只是张贴于妓院等场所的装饰性画作，被带到欧洲后，受到当地人追捧，由此发展成日本文化的一个代表符号。

审美心理的差异，也在一定程度上影响着艺术品的成交价格。同一个艺术家的作品，在不同的人眼中可能会有不同的定位。有的人认为其中的表达完美契合自己的审美心理，是可遇不可求的珍品；而在另外一个人眼中，可能就没么完美，虽值得欣赏却不值得过度追捧。很明显，这两个人很可能会给出完全不同的出价。在一些极端情况下，艺术家极度彰显个人的自由精神，自身认为好的并非就能得到公众的认可或在一段时间内未能得到公众的认可，也会在短期内遭遇市场窘境。而等到社会认识到他的艺术价值后，同样作品的价格会飞速上涨。比如，文森特·梵高的画在生前得不到社会理解，仅象征性地卖出一幅作品，他想用自己的一幅佳作换一瓶酒而不可得。而他去世后，画价却迎来暴涨并且多幅作品具有世界影响力。

价值取向的差异，对一些艺术品的成交价格也有着不小的影响。在这方面，我们可以很轻松地找到两类鲜活的例子：其一，书画消费需求取向常常受特定条件下的地域趣味的影响；其二，艺术作品的成交价格还受题材影响。对于一般消费者来说，他们常常热衷于购买本地书画家的作品。因此，在同一拍卖会上，在尺寸形制相同、艺术水平相近的条件下，本地书画家的作品比外地书画家的作品价位往往高出许多，甚至有些二、三流的本地书画家虽然艺术水准并不高，但也同样颇有善价。同样的，一般的艺术品收藏者也对表现祈求幸福安康的画作抱有更多的好感，在艺术水准相同的情况下，愿意花更多的价钱选择诸如《岁朝图》等雅致、表达美好愿望的作品，而不是《百鬼图》一类的猎奇作品。

影响艺术品价格的经济状况，既包含买

图 6-8　吴昌硕作品《岁朝清供图》

家与卖家的经济状况,又包含社会层面的经济状况。也就是说,艺术品的价格与购销双方的鉴赏水平、经济实力,以及当时的社会艺术环境等有一定的关系。从宏观上说,拍卖行对拍卖活动的准备、展览、宣传、服务以及拍卖会现场组织能力、水平及工作质量,会对买家的欲望产生一定的影响,可能招揽更多的潜在买家参与到购买竞争当中。从微观上说,购销双方的个人经济能力、偏爱和随机应变能力,也会对最终的成交价格起到重要作用。比如投资者、收藏者在拍卖中恶意较劲、斗气、抢风头、不冷静等情况的出现,就会使得原先不被看好的艺术品被拍出极高的价格。此类情况并不罕见,近些年在中国流失海外文物类艺术品的拍卖会上,中国买家往往被利用民族情绪而付出了更高的资金代价。

在市场交易中,商业中介对购买者的价值取向有很强的左右能力。同样的一幅画,如果缺少了商业中介的介绍与推崇,单靠作者自身的呼吁和作品的本身,往往很难打动大多数的潜在买家。画廊、博物馆、经纪人、拍卖行、新闻工作媒体等作为艺术商业活动的中介,他们通过舆论曝光的形式提高作者的知名度或以其他方式渲染艺术品买卖气氛,对艺术品的价格起着非常重要的作用。同时,商业中介还在短时间内对艺术品交易价格具有相对垄断性,在艺术品市场交易管控较为宽松的当下,有许多种价格炒作手段,于是,商业中介自身对艺术品的价值取向在很大程度上影响着艺术品的短期交易价格。但商业中介对艺术品价格的影响是短期的,艺术品价格的核心因素还是艺术品自身的因素以及其他不受商业中介控制的外部因素。有的艺术品问世之初,交易价格较高,经过一段时间后却一落千丈,而有些情况却截然相反。这些现象背后,就是商业中介的价值取向与其他因素相互博弈的结果。

最后,不得不提的是,国家有关管理政策以及市场需求也会对艺术品的价格产生一定的影响。例如,曾经受到热捧的非洲象牙牙雕艺术品,在野生动物制品非法化并严格管控之后,市场交易量逐渐枯竭,市场价格因此急剧变动。

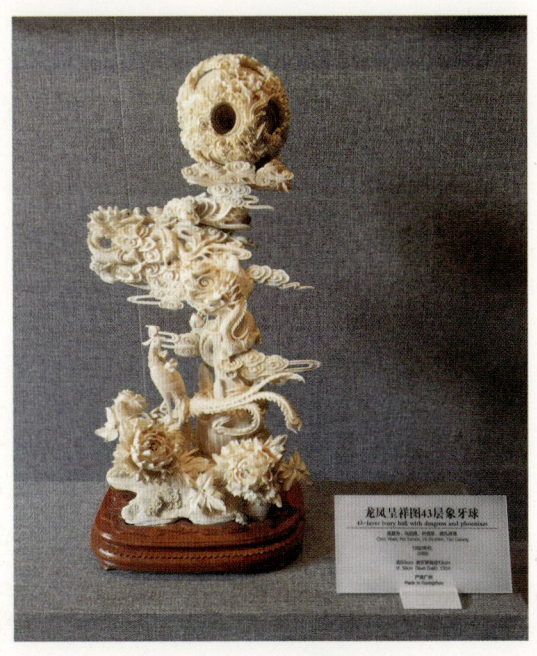

图 6-9　广州牙雕作品

总之，艺术品本身的价值只是影响其价格的因素之一，艺术品价格还受各种非价值因素影响。一件艺术品的交易价格短期内相对稳定，长期来看呈现明显的动态起伏状态。在以上诸多因素的影响下，买家"想不想买、想出多少钱买"以及卖家愿以什么价钱出手都充满了变数，之前的价格只是一个参照物，"随行就市"才是艺术品交易最显著的特征，成交价格需要买卖双方在市场机制下进行协调统一才能最终达成。

1. 艺术品的六大价值分别是什么？
2. 艺术作品的经济价值应该如何衡量？
3. 艺术作品的市场价格为何有"随行就市"的显著特征？导致这种现象的主要原因是什么？
4. 商业中介在艺术作品交易中的作用是如何实现的？
5. 对于海外高价收购中国古代艺术品的行为，我们应该如何看待？

1. 请在本章相关知识的基础上，就后母戊大方鼎的六大价值进行大致评估并形成文字。
2. 在资料与传媒中寻找案例，辅助理解艺术家个人美誉度与艺术品成交价格的相互关系。

第七章　艺术品的三个层次

前面的两章内容,我们介绍了艺术品的概念与价值评价体系,帮大家找准了艺术品在社会中的定位,但对于艺术品自身质量如何评价,尚未给出一个清晰的标准。在本章的内容中,我们专注于对艺术品本身层次的分析,以帮助大家在脑海中建立一个相对科学的艺术品质量评价体系。

在经验性的审美过程中,人们通常把艺术品作为一个有机的整体来审视,用自己的审美经验去解析和观赏艺术作品。这就使得不同人的意见无法统一,常常各行其是。面对这个问题,我国魏晋时期的伦理家王弼言提出了"言生于象,故可寻言以观象;象生于意,故可寻象以观意"的说法,成为最早对艺术品进行层次分析的理论论断。这其中所包含的言、象、意便分别对应艺术作品的三个层次,提出了艺术作品中所包含的语言层、形象层和意蕴层。也就是说,对艺术作品进行深入分析,可以纵向分为艺术语言、艺术形象和艺术意蕴三个层次。下面,我们就这三个层次分别进行分析。

第一节　艺术语言

一、艺术语言的概念

艺术作品的特定内容必须借助于一定的表达方式才能表现出来,才能成为可供人们欣赏的对象,脱离了这些表达方式,艺术作品的构建也就无从谈起。这些表达方式在艺术创作的过程中,具体表现为艺术家在创作过程中所使用的符号体系,如在音乐中的快板通常表现欢快,适中的速度表现自然风光,慢板通常表现沉痛与回忆,就是一种典型的符号体系。同样,在美术中,暖色调与冷色调的区分也属于此类。诸如这些艺术家探索出的表达方式汇聚到一起就变成了一个艺术门类的符号体系,也就成为属于这门艺术形式的艺术语言。因此,艺术语言又称艺术语汇,指的是各种艺术体裁用以塑造艺术形象、传达审美情感时所使用的材料和工具。

艺术家在创作过程中,使用这些符号体系把自己的艺术构思转化成可以被接受的物质化媒介,艺术品也由此产生。在所有的艺术形式中,艺术语言的存在和发生作用不是个别的、偶然的,而是普遍的、系统性的。各个艺术门类在长期的艺术发展中,都形成了自身独特的艺术语言。如绘画以线条、形状、色彩、色调等艺术语言,构成绘画形象;音乐以有组织的乐音、旋律、节拍、速度等艺术语言,构成音乐形象;建筑以空间组合、形体、线条、色彩、光影、质感和装饰等艺术语言,构成建筑形象;工艺美术以质材、造型、色彩、装饰等艺术语言,构成工艺形象;电影以画面及画面的组接即蒙太奇,构成电影形象等。可见,不同的艺术门类有着面目各异的艺术语言序列。而更深入地观察之后,我们就会发现即便是同一艺术门类,也会因艺术家的个性差异而呈现出不尽相同的艺术语言。比如在绘画艺术中,抽象派与野兽派的艺术语言就有着巨大的差异。如图7-1中,毕加索的画作与马蒂斯的画作就形成了鲜明的对比:毕加索使用界限清晰的线条与色块并对人物形象进行高度的抽象与变形;而在马蒂斯的画作中则打破了这种线条与色块的界限,在情感表现上更加自由奔放。

图7-1　毕加索《戴帽子的女人》(左)与马蒂斯《戴帽子的妇人》(右)

这些与众不同的艺术语言与我们常见的艺术语言一起构成了艺术世界中庞杂的艺术语言体系。这些艺术语言按照艺术形象与现实之间的关系,可以大致分为写实、夸张、隐喻和象征等类别,这些艺术语言在反映现实过程中的真实与刻意偏差,是感性且具有鲜明的审美性,蕴含了创作者具体可感的思想感情,使得艺术语言在艺术作品中占据重要地位。

二、艺术语言的形式美

艺术语言以表现内容为目的,具有独立的审美价值。艺术语言是艺术家表达艺术作品的基石,作为艺术创造最后一环的艺术传达中最后的语言层,也是欣赏者所接触的第一个层面。艺术语言的形式要素是构成艺术作品形象或物象的具体手段、媒介形式,具有较高的审美意义。人类在艺术创造活动中不仅熟悉和掌握了艺术语言的各种形式要素的特性,而且对各种形式要素之间的联系加以研究,并按照美的规律进行组合和创造,形成了各种艺术语言形式美的法则。这些约定俗成的形式美法则,既源于客观世界的自然法则,又与人的心理结构和艺术审美规律相适应。随着人类艺术实践的发展,艺术语言的形式美也经历了一个从简单到复杂,从低级到高级的历史过程。

艺术语言形式美的主要法则有对称与均衡、节奏与韵律、调和与对比、整齐与多样的统一。

1. 对称与均衡

典型的对称是指一条中轴线上的上下或左右均等,两部分在量和形体上是等同的,即等量等形。但在大多数艺术家的艺术创作中,并不刻意追求典型的对称,而是在大致对称的基础上形成一种均衡,营造出一种接近天然的特殊美感。

在艺术语言的运用中,对称与均衡的应用最早,也最普遍。早在远古时期,先民们就发现对称现象在自然界普遍存在,是自然界生物结构的一种规律性的表现,盛放的花朵、人的五官与四肢、鱼的尾鳍与鳞片、鸟的翅爪与羽毛、虫类的甲壳与膜翅等都是对称与均衡的具体表现。人们在接触这些图案的时候,会本能地产生一种审美的愉悦感,于是,这类图案也就自然而然地被应用到艺术创作当中去。这类图案从最早的具象化表达一点点地抽象化,但其所唤起的美感一直存在。使用对称这一艺术语言法则进行创作,往往会给人以庄重、稳定、统一、舒适的感觉,因而人们喜欢在手工艺品等艺术领域运用这种艺术语言的形式,以追求成熟、安静的美。

图7-2　苗族蜡染桌布图案

图7-3　故宫九龙壁

这一法则既体现在手工艺品的艺术创作中,也出现在宏大的建筑布局当中。中国古典建筑特别讲究这一点,不管是一般民宅还是富丽堂皇的皇家宫殿,在诸多细节上都严格遵循对称与均衡的法则。例如,北京的故宫有着长约7 800米的中轴线,每一座大殿、偏殿与配房都有自己的中轴线,具体到每一根梁柱以及上面的纹饰也大多遵循对称与均衡的特点。

2. 节奏与韵律

不止在音乐艺术中存在节奏与韵律,在其他的艺术形式中也大量存在节奏与韵律的表达方式,但在具体含义上有所区别。

音乐艺术中的节奏、韵律存在于音响连动之中,韵响连动是节奏、韵律存在的条件和形式,也就是音响在时间里的长短、高低、停顿和连动变化的机械组合,在歌唱和演奏中可以体现出的效果。在以视觉表达的艺术形式中,图案的节奏、韵律是通过可视形象的大小比例、疏密间隔、高低长短、虚实间隙、色彩搭配等的反复排列来实现的。在艺术创作中,刻意安排形象的反复及其要素的变化,能引起强弱往返、迟缓急促的视觉感受,从而营造出别样的审美感觉。节奏、韵律在图案中的运用能充分体现秩序美,让图案的设计效果富于连动性,优美而别致。

图 7-4 融合多重节奏的美术图案

3. 调和与对比

调和与对比和前面两种法则相比,是艺术语言(或称为艺术技法)的极大提高。这一类的作品更多地出现在近现代的艺术作品中,而鲜见于近代科学出现之前的古代艺术作品中。调和与对比,利用的是矛盾着的事物的两种状态,或在矛盾中趋向统一,或在统一中呈现对立。艺术家巧妙地利用哲学上的成果,结合自己的创作实践,把调和与对比应用出了新的高度。

调和是把相近的不同事物相并列,按照一定次序呈现出渐次变化调和法则的运用,可以使本质特征与形式特点相接近的事物呈现并列与融合,由于其特性的接近,便不会使人感到生硬与不协调,其相交相融恰能给人以舒适、亲切与和谐之感。在雕塑设计时,雕塑师对作品表面弧度的变化及相似形状的排列进行巧妙安排,就是一种典型的调和;在绘画艺术中画家巧妙地通过相近或相邻色彩进行搭配,也会产生赏心悦目的调和作用;建筑艺术中建筑体及其色彩与周边环境的相宜,会产生"天人合一"的感觉,也更宜居;音乐中也存在调和,最简单的就是利用谐音原理使两个以上的音按一定规律同时发响而形成和声,会产生类似厨艺中调味料恰当混合的美妙效果;摄影艺术中存在的调和则是利用布景、滤光片等手段采取邻近色调和的策略,典型的如黑白灰过渡、色块悬殊对比等;在更为复杂的综合艺术中也存在调和,如戏剧艺术中对故事情节演进的有致安排,也是一种调和。艺术家恰当使用调和法则,就能使事物之间的风格更加统一,给人以柔和细腻的感觉。综合以上对调和的描述,我们可以发现调和本质上是对和谐美的追求。

调和强调事物的相近性,对比则更强调事物的差异性。在唯物主义思想中,宇宙间的万事万物之间都存在差异,这些差异不仅存在于数量的层面,同时也有质的不同。当我们把两个各方面差异极大的不同事物在符合审美规则的前提下联系在一起的时候,就在美学层面形成了有机的对比关系。在艺术作品中,有显著差异形式的各种因素放在一起可以达到相互衬托的效果,而这种效果往往能给人更大的感官冲击,非常有利于艺术作品最终效果的呈现。对比法则的存在是普遍的,包括色彩(视觉)、质感(触觉)、声音(听觉)、线条(视觉)、空间(空间感)、味道(嗅觉)等方面的对比。而在每一种对比的下面,都有纷繁复杂的对比关系,如色彩对比中就有诸如色相对比、明暗对比、冷暖对比、补色对比等对比关系,每一种对比对于画家来说都不可取代,在视觉、表现和象征的效果上都有相应的特点。

利用黑白这对明暗对比,许多艺术家创造出了风格独特的作品。如图7-5中,画家徐悲鸿就利用白纸底色表现白色的羽毛,巧妙地利用黑白对比,使欣赏者产生一种错觉,好像画面中的白色羽毛部分比白纸还要白。但如果我们遮住鸡头与鸡胸部的黑色部分,再看颈部的颜色,其实与纸张的颜色是一致的。

图7-5 徐悲鸿作品《鸡》

调和与对比在艺术创作中也不是对立的,同时使用的案例也广泛存在。比如在音乐艺术中,"和弦"是典型的调和与对比的综合应用,在两个纯五度关系的乐音中间添加一个增强对比关系的乐音,就形成了一段美妙的基础和弦。

名称	结构	组成音	键盘上表示
大三和弦	大三度+小三度		
小三和弦	小三度+大三度		
增三和弦	大三度+大三度		
减三和弦	小三度+小三度		

图7-6 调和与对比在音乐中的基础应用之三和弦

4. 整齐与多样统一

整齐一律天然是一种美,也是诸多形式美法则中最基本、最简要的种。这种美表现在物质材料量方面的整齐划一,形成一种节律的美感,有的时候还有规模浩大的感觉。具体在艺术语言的表现上,整体一律体现在对形状、色彩、线条、音响进行单一化的重复处理,在反复强调中塑造出单纯齐一的美感。一般来说,整齐一律所带来的单纯感、庄重感和秩序感,更擅长表达集体叙事,能够表现出人们对美好社会中的统一有序、清爽洁净、严肃认真的呼唤与想象。因此,整齐一律常被用于群舞、大合唱、交响乐、团体操等集体艺术形式当中,即使每个参与个体的艺术素养都不算太高,但很容易形成规模效应和恢宏的气势,在恰当的氛围或情境下,会大大增强艺术的表现力和吸引力。缺点就是整齐一律缺少变化,如果使用的氛围或情景不恰当就会显得单调沉闷,反而会影响美感的表达。

在艺术领域,整齐一律的反面就是多样统一。多样统一作为形式美的最高法则,既强调多样(事物各部分的差异性),更强调统一(各部分在形式上的共同特征或内在关联),通常只有形成统一美感的多样才有丰沛的美的价值。"多样"体现了各种事物的千差万别,而"统一"体现了各个事物的共性和整体联系。"多样统一"就是寓多于一、多统于一,在丰富多彩的表现中保持着某种一致性。

如果对多样统一难以理解,那么一个更为通俗一点的说法"和谐"可能有助于我们理解这一法则。人们对多样统一的追求可以追溯到古代的春秋时期,老子所言"道生一,一生二,二生三,三生万物。万物负阴而抱阳,冲气以为和"就是对这一形式美法则的深邃描述。多样统一的法则是最复杂的形式美,包含了其他形式美的各种因素,如对称、均衡、对比、调和、节奏、比例等都可以被多样统一所容纳,所以也被认为是对形式美诸多规律的集中概括。

以上这四类艺术语言的形式美法则概括了创造艺术美的一些共同特征和规律,是人类在艺术生产领域获得的创作经验和艺术技巧的积淀和总结。掌握了艺术语言的这四个法则,就能更方便地解读艺术语言,在鉴赏活动中使美的内容得到突出和强调,达到美的形式和美的内容高度统一。从艺术发展的历史上看,与美的内容相比,语言形式美的规律有更好的稳定性和继承性,这就使得我们学会这些法则去发现美和创造美,是获得审美能力的重要标志。在鉴赏活动中,判断一件艺术品的语言是否符合这些规律,往往能够很快看出艺术家对艺术语言的熟练运用能力,并能够基本判断出艺术家创造美的能力。大致上,一个天赋一般但能熟练运用艺术语言的艺术家所创作出的艺术品给人们带来的美感,要远高于一个天赋很高但对艺术语言一知半解的门外汉所创作出的艺术品。

同时,需要指出的是,各种形式的艺术在艺术语言形式方面都不会墨守成规。当旧的语言形式规范或法则不能完全适应表现新内容、新要求时,艺术家就会在继承旧的形式规律的基础上,进行改造和发展,从而形成新的语言形式。在艺术鉴赏活动中,鉴赏者与艺术家的互动永远都是有必要的。

第二节 艺术形象

在艺术品的鉴赏中,艺术语言更多的属于公共范畴,艺术家只是在公共的体系中进行有所偏重地选择,除了极少数才华横溢的艺术家,很少有人能够创造出新的艺术语言。而艺术形象则更多地体现了艺术家的个人创造,表现出更加丰富多彩的样貌。作为艺术反映生活的基本形式,艺术形象是艺术作品的核心,是艺术鉴赏者接触艺术作品的第二层次。

结合艺术品的创作过程进行分析,我们可以认为艺术形象是艺术语言顺流而下进而产生的具体、可感知的、有高度概括性的统一体,是艺术作品的内在结构和艺术家审美意识的物化表现,是艺术家从主观和客观、形式与内容、共性和个性的三方面统一进而创作出的概述性的艺术典型。这些艺术形象中所包含的人物形象、情感注入、意识形态倾向等,是艺术世界之所以看上去多姿多彩的根本。一个懂得艺术鉴赏的人,能够从艺术作品表达的艺术形象中还原出艺术家的所思、所想,并结合创作的年代的历史风貌,进一步了解艺术家倾注在其中的独特情感。在周星驰导演的电影《功夫》中出现了一个风靡世界的艺术形象"包租婆",这个由演员元秋扮演的角色精明能干,刀子嘴豆腐心,市侩而又悍勇,在凶恶的外表下有一颗柔软的心。这个艺术形象不是一下子建立的,而是一点点丰富起来的。最初的人物形象是蛮横不讲理,而后随着事件的推进,才最终让我们看到这个人物的全貌,真正的她并不像第一眼看上去那么讨厌,而是一个出身底层、身负异能、命运跌宕起伏、心中道义不改的传奇人物。

图7-7 电影《功夫》剧照

在艺术鉴赏中,我们感受到艺术形象的方式、方法是多种多样的,艺术形象也由此被分为视觉形象、听觉形象、文学形象和综合形象。它们既有共性,又有各自的特性。

视觉形象,指由人的眼睛直接感受到的艺术形象。艺术中的视觉形象直接作用于欣赏者的视觉感官,因而特别富有直观性和生动性。在生活中,典型的视觉形象是绘画、书法、舞蹈、雕塑等艺术作品。

听觉形象,指由人的耳朵直接感受到的艺术形象。艺术中的听觉形象主要是指音乐作品的形象。

文学形象,指诗歌、散文、小说、报告文学等,依靠语言作为媒介来塑造的形象。文学形象最鲜明的特征是间接性。

综合形象,指话剧、戏曲、电影、电视等综合艺术中的艺术形象,既有视觉形象、听觉形象,又有文学形象。它们综合成为一个有机的整体,因此,这些门类中的艺术形象可以统称为综合形象。综合形象有一个与众不同的特点,就是它往往通过演员在舞台、银幕或荧屏上同观众见面来完成,因此,表演艺术在综合形象的塑造中具有十分重要的地位。上面提到的"包租婆"形象,就是一种使用影视手段在我们脑海中建立起来的综合形象。在艺术鉴赏过程中,对艺术形象进行分类,然后进行艺术语言层面的细致分析,往往能够收到奇效,一下子打开审美的视野,使整个艺术形象变得鲜活而又立体起来。

在对各类艺术形象进行分析的时候,同时还应牢牢抓住所有艺术形象共同具有的三个基本特征:客观与主观的统一、内容与形式的统一、个性与共性的统一。

1. 客观与主观的统一

任何艺术作品的形象一旦被最终确定,都会被固定下来,成为具体、感性的客观事物,不再随着任何人的意志而做出改变。而在艺术形象被固定下来之前,创作者所进行的每一个步骤都在将自身的思想感情投注其中。所以,艺术形象也是客观因素与主观因素的统一。在鉴赏中找到艺术形象中陈述性的部分和感情表达的部分,创作者对社会现实的加工思路和感情倾向往往就变得一目了然,鉴赏者也就自然而然地站在鉴赏的角度上对艺术形象进行品评。这个站位对于艺术鉴赏极其重要,可以有效地避免鉴赏者单纯地以自身阅历给出主观而又粗略的赏玩,又能有效地避免鉴赏者被艺术家的精心设计带着跑而丧失审美主观。

2. 内容与形式的统一

任何艺术形象的表达与表现既离不开内容的填充,也离不开形式的支撑,二者有机统一共同为艺术形象的成功塑造而服务。在鉴赏过程中,既要了解艺术形象的实质内涵,又要懂得艺术家的表达形式,是非常重要的。前者是沟通艺术形象与社会现实的纽带,不能把握住就无法结合社会实际进行延展性的鉴赏;后者则是读懂艺术家的表现手法,不能读懂就无法有效地理解艺术家倾注在其中的智慧与感情。

3. 个性与共性的统一

任何艺术形象的创造,往往既表现了艺术家独特的个性发挥,又反映了社会现实中所对应的元素。综观中外艺术宝库中浩如烟海的艺术作品,成功的艺术形象无不具有鲜明而独特的个性,但对其中丰富而广泛的社会概括性进行识别,是艺术鉴赏中的一个难题,往往需要鉴赏者在持久的艺术鉴赏活动和其他相关活动中丰富自己的知识储备,才能进行独立探索。

把握了以上要点,我们就能在艺术鉴赏活动中更好地把握艺术品所蕴含的艺术形象,并对相近的艺术形象进行比较,自然而然地得出优劣结果。

第三节 艺术意蕴

在前面的两节中,我们分别介绍了如何对艺术作品的艺术语言和艺术形象进行鉴赏。在这一节中,我们将对艺术作品的最高层次艺术意蕴进行浅析,帮助大家了解艺术作品的最高魅力。

结合前面的内容,我们知道,艺术作品的第一层次是艺术语言构成的形式美,第二层次是艺术形象构成的内容美,一切艺术作品都必然具有这两个层次。而能够达到第三个层次艺术意蕴的艺术作品,历来在艺术宝库中的占比稀少。在实际的艺术创作中,也很少要求艺术家能够在艺术作品中体现出艺术意蕴,更多地视作一种可遇不可求的存在。毕竟,只有对艺术语言把握极其到位,艺术形象塑造极其鲜活,同时又灵感迸发的艺术家才能创造出这一类杰出艺术作品。

所谓艺术意蕴,是指深藏在艺术作品中内在的深层含义,通常意味深长,一个简单的动作或者话语具有多个意思,在模糊与朦胧感中,却又将更深或更高层次的哲理、情义表达得更为淋漓尽致。艺术意蕴往往不能直接获得,需要欣赏者结合自己的人生经验与知识体系在鉴赏艺术品的过程中反复领会、细心感悟。它也是艺术宝库中那些顶尖文艺作品具有不朽的艺术魅力的根本原因。这类作品更少地偏重娱乐性、实用性和功利性,更多地追求在心灵层面给人以启迪,于是就有了一种形而上的美学意味。极少数技艺高超的艺术家在脱离了娱乐性、实用性和功利性的束缚后,探索得更为深远、广博,尽其所能用精到的艺术语言和鲜活的艺术形象表达出更多的信息。

也就是说,这些技艺高超的艺术家可以用同样数量的艺术语言和艺术形象,表达出更多的信息。这些信息有的被折叠在艺术语言和艺术形象之间,有的则完全省去而又巧妙地在作品中为鉴赏者留了一个想象的契机。在一次次的鉴赏中,鉴赏者会逐渐发现这些信息,遇到合适的契机,还会用自己的体验与想象补全作品中意味深长省去的内容,从而获得一种"自我发现"的巨大愉悦感。

在我国的艺术宝库中,有许多这类作品。古代文学作品中最典型的要数《三国演义》《西游记》《水浒传》《红楼梦》这四部作品;近现代文学中鲁迅、老舍也以独到的笔触创作出了如《狂人日记》《骆驼祥子》等经典。这些作品都有一个共同的特点,就是常看常新,每次阅读都能有不一样的体验,常常让人为其中深藏的艺术意蕴所折服。

以《三国演义》为例,从不同的角度切入,常常能得到不同的收获。如果着眼于人物塑造,我们能够从中看到以人物为载体形象演绎"仁、义、礼、智、信、勇"等中国传统文化价值体系中的核心因素。小说中的刘备是"仁"的代表,关羽是"义"的代表,张飞是"勇"的代表,诸葛亮是"智"的代表,赵云是"忠"的代表,等等。从历史发展趋势和古代战略层面切入,可以看到作者通过魏、蜀、吴三国的故事,揭示了"话说天下大势,合久必分,分久必合"这一影响了古代中国自周朝末年战国纷乱到清朝结束的两千多年的历史发展规律。从政治斗争的角度切入,还能看到作者通过三国之间政治、军事、外交等各种事件,生动形象地展现了历史上各种斗争的经验和智慧。这些信息在小说中都没有明确提及,细细品味却仿佛一直镶嵌在字里行间,是作品不可分割的部分。

除了经典文学作品中的艺术意蕴,另外一种较多体现艺术意蕴的艺术形式就是绘画艺术。尤其是写意类或者极简主义的绘画艺术作品,往往寥寥数笔就能给人营造出意味深长的感觉,使人在第一时间感受到美的同时又能打开想象力,用自己的感情为充满了留白的画面增添新的内涵。总的来说,以中国艺术为代表的东方艺术更加注重意蕴的表现,以欧美为代表的西方艺术则更加注重艺术形象和艺术语言的复现和使用。在西方绘画艺术中,往往更加注重通过对人物故事与表情的表现来丰富画面的表现力,展现出不同于中国绘画的独特意蕴。

其他艺术作品中,创作者进行创造与鉴赏者的"意外发现",也基本遵循文学与绘画艺术中的规律。

图 7-8　吴冠中画作《双燕》

思 考 题

1. 鉴赏者接触艺术品的三个层次由浅而深分别是什么？
2. 艺术语言的四类形式美法则分别是什么？
3. 如何理解艺术意蕴在艺术创作与鉴赏中的重要地位？

课 外 延 伸

1. 在自己喜欢的艺术形式中找一个最喜欢的艺术形象，并对这个艺术形象的塑造过程进行解析。
2. 通过多种形式了解吴冠中的绘画艺术风格，并感受其独特的艺术意蕴。

第三部分
艺术系统解析

在艺术鉴赏水平提高后,我们会发现这种有益身心的活动与专业学科的学习有一点高度相似——同样是一个不断开拓的过程,视野越是开阔,未知的领域越是宽广,也越容易被不断涌现出的复杂问题所迷惑。在前面的内容中,我们了解并剖析了艺术的概念,也对艺术作品有了深入的了解,但无法解决我们在艺术鉴赏实践中遇到的许多深层次的问题,如艺术创作与市场的关系、艺术家在创作过程中使用了哪些方法和要素、艺术家的风格流派是如何形成的,等等。这就需要我们对艺术创作有更深入的了解并能掌握基本逻辑,并在艺术鉴赏实践中灵活地使用这些逻辑来解决深层次问题。在现有的学术成果中,艺术生产理论的相关成果堪称最佳工具。

艺术生产理论中,艺术系统由艺术创作、艺术作品和艺术鉴赏三个相互联系的环节组成。这三个环节密不可分,相互锚定,相互促进。在前面的内容中,我们已经对艺术作品和艺术鉴赏进行了介绍,而对艺术创作较少提及。下面,就让我们以艺术生产理论为基础,用四个章节的内容来解析纷繁复杂的艺术系统,并在这个过程中建立起与艺术创作相关的一些基本逻辑。

第八章　复杂的艺术系统

想要解析艺术系统,首先要做的是给它一个清晰的定位。在我国传统的观念中,艺术是"形而上"的,与生活实际有一定距离,是精神而非物质的。这是因为我们中华民族自古以来就有"轻商重农"的传统,自然而然诞生的"轻利重义"观念对整个社会的影响深入而透彻。于是,艺术家安贫乐道、甘于穷困在数千年的时间里一直被看成是美德,这种不尽合理的道德观念影响深远,直到今天仍然在思想和情感层面制约着我们。

这种看法,在一定历史时期有其合理性。毕竟,在生产力相对匮乏的古代,艺术创作行为不能挤占太多的社会资源,强调艺术创作应提倡"义"而轻视"利"是一种无奈的妥协。随着科学技术大大地解放了社会生产力,这种观念对艺术发展有一定束缚的负面效果开始逐渐凸显出来。

实际上,早在20世纪80年代,我国文化界就有过一场声势浩大的有关文艺商品性的论争,学术界围绕着两个针锋相对的观点众说纷纭。这两个观点分别是:① 艺术创作应该像物质生产一样积极参与到市场竞争当中去,为自己争得一席之地;② 艺术创作应该主动避开市场,保持文艺的"严、雅、纯"特征。在生活中放眼观察,我们会发现这两个颇具冲突的观念依然活跃在大众的思想和行动中,并且持第二种观点的人群依然占较大份额。这两种观点出发点各不相同,也都有一定的道理与局限性。比如第一个观点,过于强调市场竞争,而对于艺术创作本身的规律与市场竞争的节奏并不一致有所忽视;第二种观点则在很大程度上将文艺的意识形态性和文艺的市场性对立起来,把审美观念与经济观念对立起来,只看到艺术生产的社会效益和经济效益的对立和矛盾,而对两者的统一性和一致性避而不谈。

在本章的内容中,我们将通过对艺术生产理论和艺术创作系统的介绍,来帮助大家理解复杂的艺术系统。

第一节　艺术生产理论概述

一、艺术生产理论

艺术生产理论,简称艺术生产论,在艺术学领域中有着特殊地位。艺术生产理论认为:艺术生产经历了漫长的历史过程,最后从物质生产中分化出来。最初的艺术品常常和生产劳动分不开,要么是器物,要么是装饰物。随着生产力的发展,艺术最终从物质生产中独立出来。归根结底,艺术的起源离不开人类的社会实践活动。从艺术性质和特点来看,艺术是审美主客体关系的最高形式。艺术美包括两个方面:一方面是艺术对客观现实的反映,另一方面是艺术又凝结着艺术家的主观审美理想和愿望。也就是说,艺术美是客观和主观交融的存在,最终物化为具有各种艺术形象的作品。离开了时代和社会背景,艺术也就没有了生命力。离开了艺术家的个性气质,艺术就没有了闪光点。艺术的本质是实践基础上的审美主客体的统一。

时至今日，这一由马克思首先提出并由布莱希特、葛兰西、本雅明、阿尔都塞、马谢雷、伊格尔顿等人进一步阐释的理论，依然保持着惊人的生机与活力。这与它在艺术理论知识谱系上的超前性及其所关注的部分问题的当代性是分不开的。艺术生产理论作为马克思主义艺术理论的重要内容，为人们理解艺术的发生、发展与创造提供了科学的解释，同时，还批判了此前唯心主义美学观念中的艺术自律、天才创造等观点。艺术生产论的核心观点在于认为艺术创造的本质是一种生产，与一般的物质生产相比具有精神性与艺术两大特色，是建立在现实的物质生产基础上的更高级的生产形式。

图8-1　马克思的相关论述是艺术生产论的源头

马克思的"艺术生产论"有多种意义。第一种意义是将一般性的社会物质生产与作为精神生产的艺术生产相比较，脱离时代的桎梏，超越特定历史时期的艺术现象进行抽象分析，并在科学总结之后找到贯穿人类历史的普遍规律；第二种意义是指艺术品在实际创作过程也是多种生产要素参与的人类劳动，与其他生产劳动没有本质上的差别，而只有表象上的不同；第三种意义则专指在资本发展时期的艺术生产组织与艺术品流通，在这一语境下一切艺术生产也跟其他社会生产一样是在为资本创造价值，最终形成的艺术品也同样具有商品的属性。在艺术鉴赏过程中，我们主要从第一种意义和第三种意义上来理解马克思的"艺术生产论"，强调艺术并非孤立的存在，必须结合社会物质生产和精神生产的实践，理解艺术品在生产、消费、分配、交换过程中的作用，才可能获得对艺术的科学诠释。

二、文艺是一种精神生产

艺术生产的目标与物质生产的目标有本质的不同，前者的目标是生产出满足人民群众审美需要的精神产品，而后者的目标是生产出满足人民群众生活需要的物质产品。艺术生产虽然与物质生产有较大区别，但本质上仍然是生产的一种特殊形态，它必然要受到生产普遍规律的支配。

首先，艺术生产与物质生产一样，都是对现实的介入，是变革生活的一种努力。艺术生产出的艺术品与物质生产出的产品，在形态上有较大差别，却都在变革着我们的生活。所不同的是，艺术品变革的是我们的精神生活，普通产品变革的是我们的物质生活。一致的是，创造了大量艺术品的文艺生产、创造了大量社会商品的工农业、创造了大量学术工具（目的是服务生产）的科学研究，都是推动人类进步的强大力量。从这个角度分析，从事艺术创作的艺术家一样隶属于不断推动生产力和社会进步的工人阶级。

其次,艺术之所以是生产,也在于它是一种有助于培养科学精神和增进人类幸福快乐的社会活动。从这一角度出发,艺术生产与科学知识生产有高度的相似性——皆为轻松人类生活而存在,只是科学知识的生产服务于人类的生计,而艺术品的生产服务于人类的娱乐。

再次,艺术与物质生产具有相似的内在结构。艺术技巧对艺术生产的重要性恰似劳动工具对物质生产的重要性,而这种技巧同样既可以通过先天禀赋(实质上是一种潜移默化的习得)的形式显现出来,也可以经过后天努力习得。通过观察生活,我们可以看到,在生活中既有初次接触机械加工就游刃有余的天才工匠,也有未经过任何教育就能很快掌握一门乐器的天才艺术家。如同所有物质生产活动中的组织形式,艺术生产也有着浓厚的集体性和民主性色彩。即使是独立艺术家,也需要与市场上的受众人群进行互动,并充分尊重市场才能立足。从这个意义上来说,艺术家并不是超凡脱俗的天才,而是整个社会生产的参与者。

综合以上论述,我们可知:虽然与一般人群的认知结构不同,但艺术的确也是一种生产活动。只是这种生产活动与其他生产活动相比具有一定的特殊性,使得很多人无法自然而然地建立起相应概念。在实际的艺术生产过程中,用生产的视角对艺术生产活动进行管理,一直是国内外通行的做法。

图8-2 服务于艺术生产的高校教材《艺术管理》

三、正确理解市场语境下的艺术生产

在市场语境下对艺术生产进行理解,是正确认识艺术的一个重要前提。一般来说,我们可以从艺术品的现实生产形态、与物质生产的区别、消费的艺术、艺术的消费四个层次来建立自己对艺术生产的全新认知。

首先,在广泛的社会实践中,艺术生产不是凭空而来的,必须有一定的现实生产形态作为载体,这种艺术生产的现实生产形态性是文艺的社会本质一个不可忽视的重要方面。艺术产品的生产形态既有物质产品的一面,又有劳务产品的一面,是两者的综合。艺术产品生产形态的物质产品形态,指的是艺术产品必须有一定的形式进行表现,需要一个可以被受众接受的载体。正是因为这个载体的特质,艺术品才具有了可流通的特性,也才具有了加入市场经济的可能。艺术产品的劳务产品的一面,正如马克思所说"不管有用劳动或生产活动怎样不同,它们都是人体的机能,而每一种这样的机能不管内容和形式如何,实质上都是人的脑、神经、肌肉、感官等的消耗"。艺术生产的过程,是艺术家用自身的消耗结合外部材料来产生美的感觉,在其中付出了大量的劳动。通俗地讲,艺术家就像一个技艺精湛的烟火师,用别致的脑力劳动和轻体力劳动,为社会创造了审美产品。在市场经济条件下,无论艺术本

身的价值与其交换价值或价格是否一致,文艺作品作为商品,在其交换行为或流通过程中,只遵守同一统一物(如货币)的规定,即按照生产商品的社会平均劳动量来计算该商品的价值。艺术品的溢价也遵循其他商品溢价产生的规则,受供需关系和稀缺性的极大影响。

图 8-3　炫目的烟花表演

其次,艺术生产作为精神生产,与物质生产有较大区别。艺术生产的目的不像物质生产那样是生产能满足人们自然属性需要的物品,而是按照"美的规律"来创造依附于一定的物质载体的精神财富,以满足人民群众的审美的精神需要。由此,艺术生产的效率很难简单量化。对于艺术生产者来说,"少产"有时是"多产","多产"之时常"无产"。有时候一篇妙手偶得的佳作,能够给艺术家带来一生享用不尽的名利,甚至有的还因此永载史册,典型的代表如因一篇《春江花月夜》而"孤篇盖全唐"的张若虚;有时候穷尽艺术家的一生努力也无法获得市场的认可,最终含恨而终,典型的代表如一生痴迷于书法却在书法艺术史上没有什么地位的乾隆皇帝。在这背后,艺术生产本质上是一种自由自觉的创造,是艺术家本质力量的对象化。艺术生产作为一种特殊的精神生产,更多地包含着艺术家的思想、情感、观念、素质、修养、趣味以及心境等极为复杂的心理精神因素,它要求艺术家精神的诸多因素尽可能完美地融合为具有审美价值的形象。而这种审美价值由艺术家与审美大众共同赋予,二者缺一不可。

其三,从生产与消费的关系看,艺术生产与艺术市场是相互依存的关系。马克思曾经在《〈政治经济学批判〉导言》中指出:"生产媒介着消费,它创造出消费的材料,没有生产,消费就没有对象。……没有生产,就没有消费,但是,没有消费,也就没有生产,因为如果这样,生产就没有目的。"艺术生产者只有走向市场,通过了解市场及时调整艺术生产的生产规模、生产方式和生产品种,才能最大限度地满足广大消费者多方面的审美需求。

其四,从作为艺术的消费的视角看,精神消费还担负着"创造出懂得艺术和能够欣赏美的大众"的社会使命。因此,市场语境下的艺术生产和消费在注重经济效益的同时,必须始终把社会效益放在首位。

综合以上内容,我们可以发现,艺术生产理论把艺术创作、艺术作品和艺术鉴赏这三个

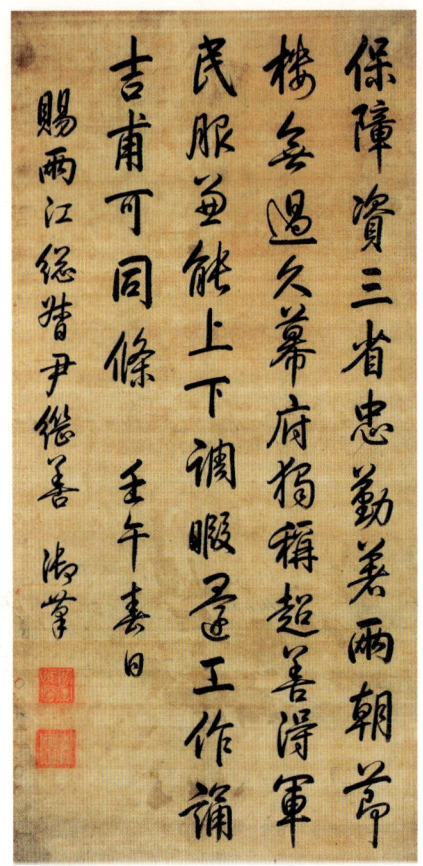

图 8-4　乾隆书法作品局部

互相联系的艺术环节作为一个整体来研究,是当前最能解释与指导艺术生产与鉴赏活动的思想理论。

第二节　艺术创作系统

在前面的内容中我们已经知道,艺术创作集合了主客体多种要素的相互作用,这些要素以动态联系的方式形成了一个复杂的系统,我们称之为艺术创造系统。艺术品通过这个创造系统得以产生,于是,对艺术品的鉴赏就离不开对艺术创作系统的深入了解。也只有如此,鉴赏者方能获得更加全面的审美体验。接下来,我们从艺术创作系统的特征、艺术创作系统的方法与要素、艺术创作的规律与要求三个方面来全面了解。

一、艺术创作系统的主要特征

作为复杂的艺术创造活动,艺术创造系统具有四大特征,分别是有机整体性、有序结构性、动态联系性和行为可控性。在艺术鉴赏过程中结合艺术创造系统的四大特征,我们可以少走弯路。

（一）有机整体性

在艺术鉴赏活动中，首先要对艺术创作的有机整体性有一定的认知。这是因为艺术创造要实现某个目标，必须由各创作要素密切合作形成一个统一的整体才能进行。

书名	
类型	
内容简介	
主人公设定	男一号：　　男二号：　　男三号： 男四号：　　男五号：　　男六号： 女一号：　　女二号：　　女三号： 女四号：　　女五号：　　女六号： 配角：
计划　隔日期	年　　　月　　　日
创作计划	
备注	

图 8-5　小说创作提纲

这些创作要素的密切合作，要符合创作的基本规律，这就是"有机"。作为统一体的艺术创造活动，其中的各创作要素、各创作环节之间既非杂乱拼凑，也非混乱无序，而是彼此融和、有序组合的，各要素与整体之间、各要素彼此之间不可分割；谁也不能把观察力、感受力、想象力等创作要素从整个创作活动中排除，或把它们彼此割裂而不损害整个创作面貌。

而围绕创作目的严整统一这些要素的状态，就形成了一种"整体效应"。单个的创作要素既不能表现整个创作活动的整体功能，也不能实现创造系统的总体效应。艺术创造的总效能只能通过各创作要素有机结合的一体化去实现。而各创作要素一旦结成有机合作的运动体，就能创作出优秀的艺术品，各创作要素就能显现出其自身所不能单独显现的新特性。

（二）有序结构性

艺术创造活动的诸环节、诸要素作为一个有机整体，是按一定规律组合的。从创作才能的整合到创造机制的形成，从艺术构思的产生到艺术传达的实现，都表现出创作活动诸环节的有序性。艺术创造系统是一种非平衡态的动态结构。从性质上看，它以开放的态势保持着对外部环境进行物质、能量和信息交换的随机性；从形态上看，它的各个环节，如创作动机、创作构思、创作传达等既是互相渗透、连成一体的,又各有其阶段性的特征。

总之,各种创作要素和各个创作环节有条不紊地穿插交织形成一幅艺术创造活动的网络图,一幅始终在变动运行的有序结构图。

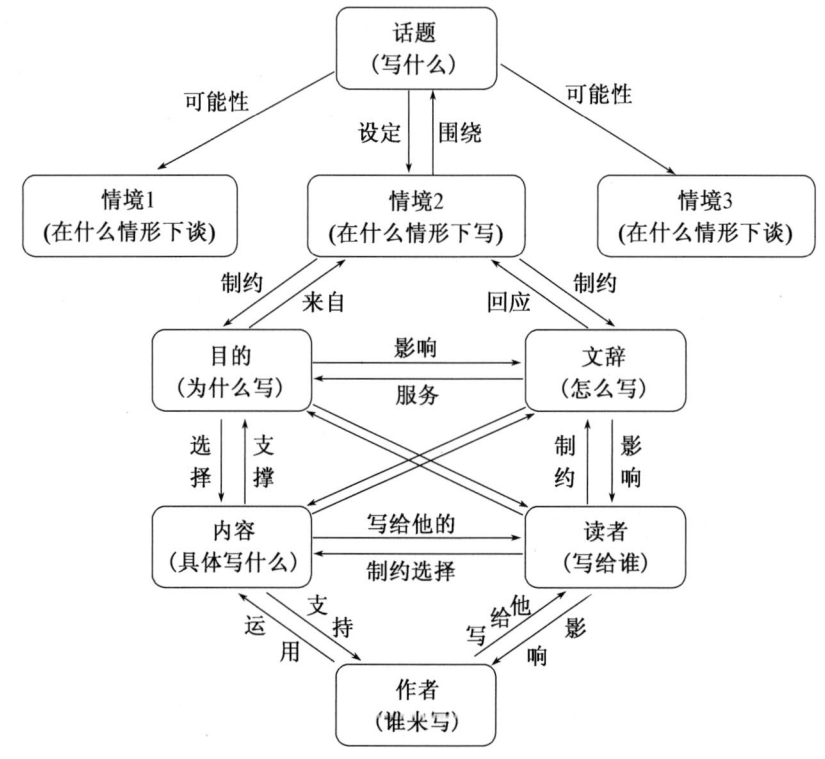

图 8-6　交际语境下写作的要素关系图

(三) 动态联系性

艺术创造作为一种活动方式和活动过程,离不开各创作要素的密切合作,正是各创作要素相互间的动态联系,构成了艺术创造的有机系统。所谓动态联系,是指各创作要素按一定的创作原理和法则携手协力去实现某个创作意向,亦即创作的各环节之间彼此呼应,各要素之间互相配合。这种呼应和配合,自然地形成了整个创作活动的动态联系。

艺术创造系统中各要素各环节联系的动态性是它们在艺术创作活动中的"运动性"造成的。创造力不是创作元素本身,而是从创作元素的相互联系和统一运动中体现出来的力量。所谓创作活动,就是各要素在统合起来的运动中显示出来的整体功能。

(四) 行为可控性

艺术创造遵从一定的规律和法则,表明它是一个控制系统。这就为艺术创作的环节与进程控制提供了依据。艺术家根据艺术规律和创作法则,运用一定的技巧对艺术创作活动作某种自觉或不自觉的把握,表明了艺术创造行为所具有的可控性。

一般说来,艺术创造的可控性首先表现在艺术家能够自觉地从整体上把握创作的特性、趋势和结果。比如,大多数作家在创作之前需要先写提纲,画家、雕塑家也需要先做出草图和模型,作曲家需要先确定旋律主题与曲式结构,以便从整体上把握整个创作进程。其次,在具体创作过程中,作家对作品的艺术构思、结构组合、角度手法、语言表达等一切进行有意控制。在作品完成阶段的调整和修改更是有意控制的强化。

特殊地说,艺术创造的可控性又可以"无意为之"。比如在小说创作的过程中,很多知名作家在创作生涯的初期都会面临一种情况:笔下的人物开始脱离了原先的设定,走出了不一样的命运。这种"无意为之"不是艺术创造的失控,恰恰是艺术创造受普遍艺术规律控制的表现。在这个过程中,艺术家敏锐地感知到了自己原先设定的不可行之处,及时遵循自己的直觉和潜意识对原有设定进行了改进,从而获得了更佳的艺术效果。

而一旦创作活动中出现了一些失控的情况,往往会出现重大的缺憾,给人留下许多的审美缺憾。如J·K·罗琳创作的《哈利·波特》系列小说结局中,哈利与金妮、罗恩与赫敏的婚姻组合就是一种失控。作者在其中过多地投入了自己当年的感情经历,把自己的情感诉求施加到人物身上,出现了突兀的人物关系变化,使得许多粉丝对此极为震惊。事后,作者本人尽管也对此表示极为遗憾,却已经无力挽回了。

遵循以上四个特征在所有的艺术创造行为中都非常重要,尤其是在社会分工日益分化、社会竞争日益激烈的今天。具体到艺术鉴赏活动中,鉴赏者可以通过作品所传达出来的美感程度与节奏,直接感受到作者在艺术创作中对这四个特征的掌握能力。

二、艺术创造系统的创作方法和创作要素

人们对于美的感觉是不断变化的,这就使得在艺术创作系统中的创作方法要多样化,相关的创作要素也是不断变化的。

(一) 创作方法的多样化

从创作主体的角度看,不同艺术家的创作方法在不同的艺术中,甚至相同的艺术中,都是极其多样的。同一位艺术家在不同作品、不同阶段所使用的创作方法也有较大差别。这是因为追求"与众不同"是艺术家永恒的追求,而在行动上体现这一点的核心就是创作方法的多样化。闻名世界的绘画艺术家毕加索就是这一方面的典型代表。他在艺术历程上没有规律可循,从自然主义到表现主义,从古典主义到浪漫主义,然后又回到现实主义。从具象到抽象,来来去去,反对一切束缚和宇宙间所有神圣的看法,只为自由地探索使用绘画这种手段创造美的一切方法。一个艺术家尚且追求创作方法的多样化,众多不同个性、风格、流派的艺术家所运用的创作方法,那就更异彩纷呈了。

(二) 创作要素的运动性

从创作对象角度看,艺术创造面对的种种元素都在运动变化,表现出它们极其丰富的不确定性,这就极大地诱发了艺术创造的活力。正是创作对象的多样性决定了创作方法的多样性,从而使得艺术掌握生活的形式灵活而又多姿多彩。

不同的艺术家面对同一个艺术题材,所能接触到的素材肯定是不同的,往往寻找素材着眼时出现细微的偏差,反映在作品层面就是"天壤之别"。就拿反映社会生活的艺术创作来说,在民国时期有沉郁激昂的鲁迅,也有鸳鸯蝴蝶的张恨水。前者着眼的是受苦受难的中华民族的群像,而后者看到的是市民阶层与上流社会的世俗情感。

即使是同样一个素材,做一个小而精致的艺术作品,也会因为不同艺术家在创作过程中其他要素的变化,而最终出现巨大的差别。这是因为素材的细节、语言结构等在艺术创作的

过程中,随着不同艺术家对素材进行过滤、消化、布置、筛选、安排等运用手段环环交相融合,不断地创造着差别,并最终使得艺术作品呈现出极其不一样的形态。如图8-7中的紫砂壶造型突破了绝大多数人的想象,也与其他紫砂壶艺术家创造的造型有很大差别。

在艺术创作系统中,以运动性为特征的创作要素之间总是表现出某种动态联系,它们结合成种种关系互相牵引,错综交织,共同形成种种创作方法,从而推动创作活动形成一个整体,趋向艺术创造的最终目标。创作要素之间,往往呈现如下关系:

(1) 深化关系:如,从意象的萌动到形象的融铸,从感受到提炼,等等;

(2) 协同关系:如,想象力、思考力、感受力与观察力之间为创造形象的共同协作;

(3) 制约关系:如,想象力对于印象,思想观念对于素材与题材;

图8-7 铜铃造型、禅意元素的紫砂壶

(4) 连带关系:如,韵律感与节奏感;

(5) 互补关系:如,虚与实,形与神等;

(6) 对应关系:如,情与景的呼应;

(7) 反常关系:如,以抑为扬,以贬为赞;以丑为美,以假显真等,"歪打正着""反常合道"。

(8) 龃龉关系:指创作要素的不协调配合,它造成混乱,摧毁效果。如,用生硬的语言描绘形象,用晦涩的方式表现主题等。

以上前七种要素关系均可在创造系统中协调统一,形成创作活动的动态平衡;第八种关系则提示艺术创作调控的重要,必须克服创作要素的龃龉去实现艺术创作要素的协调性和有序化。

三、艺术创造的规律与要求

作为一种特殊的精神生产,艺术创造与物质生产方式不同,有其独特的"艺术掌握世界"的方式。从与物质生产方式的比较中,我们可以看出艺术创造的一般规律和要求。

(一) 艺术创造的一般规律

1. 艺术创作是为了满足人对精神美的追求

艺术劳动目的主要是满足人的精神需要,这就使得艺术创造超越其实用性而走向满足"丰富的具有人性的需要"(马克思语)的目标,表现人对于精神美的追求。从一般艺术品消费的角度看,艺术品的出现是为了满足社会与个体的审美需求。艺术创作的过程,就是艺术家对社会履行自己职责的过程,创作产生的作品能够使人们通过艺术醒悟式地反思身处的社会环境,从而获得教益和愉快。

艺术创作这种对精神美追求的满足,既表现在个性层面,也表现在社会集体层面。具体而言，因为获得教益和愉快的方式多种多样，艺术生产更加强调"个性化"，而非为普罗大众生产普遍性的产品。与物质生产总是面向社会需要不同，艺术创作最初往往表现出"为个体生产"的倾向。艺术家在这个过程中将自己得到的精神感悟加以"物化"，使得人们可以在他所创造的对象中更好地观照自身，获得良好的审美体验。而一旦这种"个性化"在大众的艺术鉴赏活动中普及开来，成为引领一时的艺术风尚，就会被赋予"大众艺术"的标签，成为普罗大众都可接受的普遍性产品。可见，成功的艺术生产走的是从个性化到大众化的路线，而物质生产一般走的是从大众化到个性化的生产路线。

图 8-8 从小众音乐成为大众音乐的"摇滚"

由此可见，艺术创造中对自我表现与反映社会之间，并没有一道不可逾越的鸿沟。对于艺术创造活动来说，个体的需要并不意味着与社会需要相对立，而是共同统一于艺术创作满足人对精神美的追求这一根本目标中。

2. 艺术劳动的对象更加广阔而自由

与物质生产相比，艺术创造的对象更加广阔而自由。物质生产所受到的许多局限，在艺术生产的过程中并不能算是障碍。在物质生产中，我们现阶段无法将月球上的"氦3"变成聚变技术的材料，但这并不妨碍艺术家在科幻作品中尽情畅想。可以说，从身边琐事到远古历史，从银河中心的巨大黑洞到微小的细菌，都是艺术创造的灵感源泉，艺术创造把人认识到的整个外部世界巨细无遗地囊括其间。

艺术劳动的对象不光是物质，同时以精神作为原料。精神原料有两个来源，一个是社会上流通的人类历史积累至今的精神原料，一个是艺术家在进行艺术创造时的"自我介入"。这里的"自我介入"，指的是艺术家在艺术生产流程中加入的自身主观情愫、思想气质等。这些精神原料与呈现艺术的物质原料，一起在艺术家的创作过程中扮演着劳动对象的角色。

3. 艺术生产的工具和过程更加复杂

与物质生产相比，不论是从生产的工具看，还是生产的过程角度看，艺术生产都更加复杂。

从生产的工具角度看，艺术创造除了笔墨纸砚、乐器、雕刀、嗓子和形体等物态性工具外，还包含每一种艺术形式所特有的精神工具：艺术语言和艺术形象。这两个概念我们在前面的内容中已经详细阐述过，在这里不再赘述。需要额外指出的是，艺术语言和艺术形象往往比物态性的工具更加丰富而复杂，这就使得艺术创造的复杂程度远较物质生产更高。

从生产过程看，艺术生产也具有很强的非规范性，进一步拉高了艺术生产的复杂程度。物质生产的每个环节都是程序化的，而艺术创造的每个环节却因人而异，甚至同一个人在创作不同的作品时，其过程也绝不会完全相同。

4. 从事艺术生产的劳动者及其生产方式更加自由而独立

艺术创造活动是"一定社会形态下自由的精神生产",这就使得从事艺术生产的劳动者比起从事物质生产的劳动者,更具有自由度和独立性,无法像机械操作那般呆板,支离地拼凑出合格的艺术作品。每个属于不同门类的艺术家都可以独立地创造有完整价值的艺术品,而不是生产某种没有独立性格的机器零件。例如在综合艺术中的各种艺术成分,即使从总体格局中分离出来,依然不失独立存在的价值:电影文学剧本照样可以放在案头欣赏,电影插曲依然可以通过唱片、录音带、广播或歌唱演员流传。它们不像物质生产的机器部件,一色的型号,相同的规格,一旦离开整个机械系统,其特殊功能就顿然丧失;最根本的,是人们在它上面看不出创造者的个性特征。

即使是在高度分工的艺术创作中,这种自由度和独立性依然不可磨灭。比如在影视艺术中,有各种门类的分工,但这种分工以不丧失独立价值为前提。一个影视团队中的导演、编剧、主演、摄影有各自的分工,一旦被替换必然会对最终的成品产生根本性的影响。这种巨大的影响,正是从事艺术生产的劳动者独立价值的体现。

从劳动方式看,艺术创作极富个性化色彩。几乎每个艺术家在创作时都有自己的个性特点:有的要抽烟,有的要饮酒,有的要喝热茶,有的要泡在水温合适的浴缸里,有的甚至要不断在两性关系的追逐中寻求灵感。

(二)艺术创造的特殊要求

早在一千多年前的宋代,苏轼就用一首《琴诗》形象地表现了艺术创作的特殊要求。诗中说:"若言琴上有琴声,放在匣中何不鸣?若言声在指头上,何不于君指上听?"这首诗中的琴声就是一种典型的艺术产品,是心灵元素和生活材料相融合的产物,是创作主体(弹琴者)和创作对象(琴)相互作用的结果。单独的琴和弹琴者都不构成艺术产品,只有主客体共同融合,才能形成具有审美意义的艺术作品。这首诗巧妙地揶揄了把创作主体和创作对象孤立起来的任何一种主张,并暗示:只有通过主客体的亲密合作,通过协调一致的"弹奏"动作,优美的"琴声"(艺术产品)才会产生。

除了主客体亲密结合这一点共同要求,不同的艺术门类之间的创作要求和艺术表现要求上又显出各自的特殊性。画家的视觉观察力,音乐家的听觉想象力,雕塑家的触觉感受力,舞蹈家的形体造型力及表情表现力,作家诗人的文学表达力,等等,对于他们所从事的艺术创造都是至关重要的。于是,不同的艺术形式对艺术家所具备的艺术素质和创作才能也迥然不同。

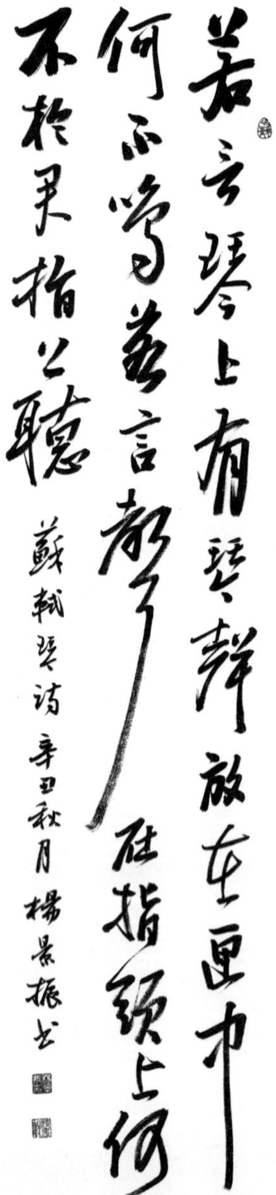

图8-9 苏东坡《琴诗》现代书法作品

思 考 题

1. 为什么我国古代强调艺术创作等上层建筑中应"重义轻利"？这背后起到决定性作用的是哪个因素？
2. 为什么说艺术是一种精神生产活动？我们应该如何理解市场语境下的艺术生产？
3. 艺术创作系统的主要特征是什么？艺术创作系统中创造要素和创作方法有何特点？
4. 艺术生产与物质生产的区别有哪些？
5. 应该如何正确看待艺术创作中自我表现与反映社会之间的关系？

课 外 延 伸

1. 艺术生产对社会的影响是深远的，请你结合案例阐述艺术作为一种精神生产活动在社会中发挥的巨大作用。
2. 从自身的兴趣出发，了解一门艺术的创作要求和艺术表现要求，试着结合经典艺术作品进行阐述。

第九章　艺术创作的主体

在第八章中,我们初步建立了艺术系统的概念,相信大家也从中领悟到了艺术之所以异彩纷呈的核心——艺术的创作者。而艺术的创作者作为艺术创作的主体,把自己独特的精神赋予了艺术作品以审美价值。又因为不同的艺术创作者对创作要素的应用和艺术表现风格的不同,使得艺术世界呈现出"百花齐放,百家争鸣"的繁荣景象。

在艺术鉴赏活动中,对艺术创作主体的深入探究是必要的一个环节。在本章的内容中,我们将就艺术工作者与艺术家、艺术工作者的个人修养与作品格调、艺术家的社会责任三个层面来分析艺术创作的主体,并尝试着将这种理解融入艺术作品的鉴赏活动中去。

第一节　艺术工作者与艺术家

与同学们更为熟悉的专业学习一样,艺术工作的从业者中也存在严重的分层现象。按照社会上通行的看法,一般可以分为普通艺术工作者与艺术家两类。这两类从业者在社会环境中所实现的个人价值有极大的差别。普通的艺术工作者的工作待遇与普通物质生产工作者的待遇非常接近,并且在很多时候有所不如;而一旦达到艺术家层次,则大为不同,很容易跻身富豪行列。这种巨大差别的诞生,从个例的视角看有很大的偶然性,但从宏观视角切入则表现出强烈的必然性。一般人群从个例的视角切入,更关注的是艺术工作者个人际遇的变化,而非在技艺水平与艺术人格完整度上的巨大差别。以国画大师齐白石为例,可以非常形象地说明这一点。

在民国时期,白石先生的画作被视作"不入流",被认为是"野狐禅""俗气熏人",始终游离在京津画坛主流集团——"中国画学研究会"和"湖社画会"之外。当时的人们认为齐白石的作品是随意涂几笔而成,一天少则可画几幅,多则可画十几幅甚至更多,并不值得花钱购买。如果不是陈师曾(1876—1923 年)和徐悲鸿(1895—1953 年)的先后出手相助和提携,花甲之年的白石先生甚至很难在当时的北平生存下来。先是 1922 年吴昌硕的弟子陈师曾将吴昌硕、陈半丁、齐白石等的画带到日本办展卖画,结果齐白石的画受

图 9-1　徐悲鸿(左)与齐白石(右)

到追捧,平均每幅卖到 100 元银币,山水画更贵,二尺长的卖到了 250 元银币,一时轰动了中国画坛。1928 年,时任北平艺术学院院长的徐悲鸿破格聘请从未受过正式绘画教育的齐白石为教授,引起了一番社会风波,徐悲鸿也因此黯然辞职。① 如果流连于这些激动人心的故事,就很容易忽视白石先生高超的绘画水平和富有穿透力的审美表达。毕竟,主要是白石先生在艺术创作上面实现的独特价值成就了自己,而不是借助于他人的帮助。

在下面的内容中,我们将就艺术工作者与艺术家这两个概念进行辨析,进一步揭示两者之间的差别,并试着解释二者之间的巨大差别是如何形成的。

一、艺术工作者

艺术工作者是专门从事艺术生产的创造者的总称。与一般的社会人群相比,艺术工作者应当具备一定的艺术天赋和艺术才能,掌握专门的艺术技能和技巧,具有丰富的情感和艺术修养,能够通过自己的创造性劳动来满足人们特殊的精神需要即审美需要。

与社会上其他的工作者相比,艺术工作者具有以下特点:

第一,艺术工作者内部有更为复杂的职业和生产分工。

第二,艺术工作者在生活与工作之间,更普遍偏向工作。

第三,艺术工作者在敏锐的感受、丰富的情感和生动的想象力方面更为突出。

第四,艺术工作者更具有卓越的创造能力和鲜明的创作个性,表现出强烈的创新意识。

第五,艺术工作者具有专门的艺术技能,熟悉并掌握某一具体艺术种类的艺术语言和专业技巧。

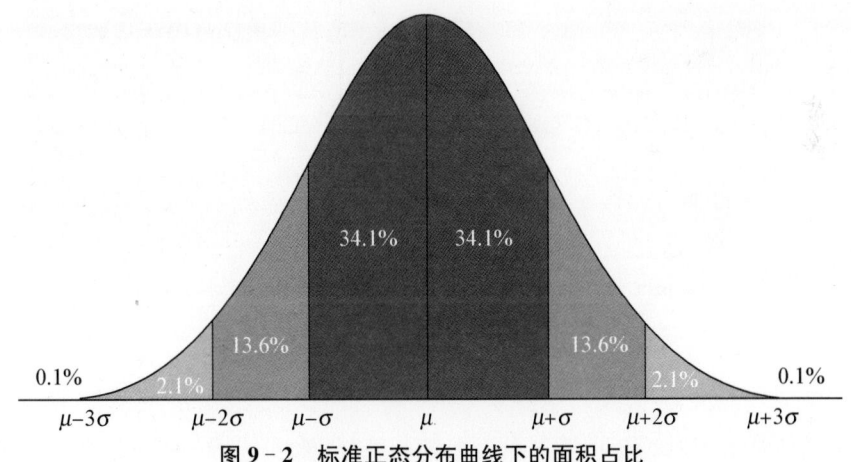

图 9-2　标准正态分布曲线下的面积占比

在艺术工作者内部,各个艺术工作者个体因为自身以上特点发挥的程度不同而表现出鲜明的差异。把这些差异进行量化赋值,也应当表现出正态分布特点。也就是说,在艺术工作者内部,最为优秀的个体一样占到极少数。这些最为优秀的艺术工作者,人们一般称之为艺术家。

二、艺术家的形成

从前文的内容我们可以知道,艺术家是一个相对普通艺术工作者的概念,可以被描述为

---

① 齐白石:《齐白石自传》,江苏文艺出版社 2012 年版相关内容。

"在一定时期内,从事艺术创作,并在相应艺术领域具有杰出成就的艺术工作者"。也就是说,艺术家是有"时间""范围"和"条件"限制的。任何一个条件不成立,都无法顺理成章地获得"艺术家"的称号。

1. 呼应时代与社会的审美需求

首先,一个艺术工作者之所以能成为艺术家,是因为他呼应了自身所处的时代与国度的审美需求。因为自身资源禀赋与文化脉络的差异,不同国度的审美需求也差异巨大,如果艺术者不能呼应这种变化,就无法把外来的艺术形式转变为自己国度可以接受的形式。比如,日本的"枯山水"从源头上追溯是我国园林艺术的滥觞,这也是一种成功的转变,非常符合日本国土狭小、资源紧缺的现状。结合艺术史学的相关研究成果来看,我们还可以很明显地发现在不同时代,人们有着不同的审美需求。有的时候仅十几年的差异,社会的审美需求就发生了巨大的变化。比如,清代官窑瓷器中,雍正与乾隆时期的审美风格就迥然不同,雍正时期更崇尚素雅风格,而乾隆时期更追求绚丽多彩。

雍正时期

乾隆时期

图 9-3 雍正与乾隆时期瓷瓶风格的巨大差异

能够顺应时代潮流,并能及时回应社会在审美层面提出新要求的优秀艺术工作者,才有相对更大的概率成为"众星拱月"的艺术家。反之,即使基本素养极其优秀,也很难成为相应时代的艺术家,往往频遭厄运,落得痛苦煎熬的一生。当然,当旧的时代结束,新的时代到来,原先在旧时代里不受欢迎的艺术工作者遗留的作品如果顺应了新的潮流,也会被冠以"艺术家"的桂冠。

2. 与个人生活环境的状态紧密相连

一个艺术家之所以能够成就,还跟他的生活环境高度相关。这里的生活环境,指的是从家庭到个人的"小环境",具体是指家庭生活中的经济生活和情感生活。前面的内容我们已经提到,影响艺术创作的环境包含很多种因素,稳定的经济生活和情感生活对艺术工作者的创作活动有着极其重要的影响。

经济基础决定上层建筑,上层建筑要靠经济基础作为保障。艺术作品就是艺术工作者生产的精神产品,精神变物质、物质变精神,精神与物质具有不可分离的关系。没有基本的物质基础,根本无法生产出精神产品。比如,你无法让一个买不起笔墨纸砚的人成为画家,也无法让一个没有办法拥有乐器(此处的乐器是指广义的乐器)的人成为音乐家。在很多时候,即使有了基本的经济基础,在同等艺术素养的情况下,也会因为在材料方面的竞争失败而无法更进一步。比如,在绘画艺术中,群青色的颜料一度只能靠开采并加工昂贵的青金石来获得。在古代欧洲,青金石的价格是同等重量黄金的五倍,一盒群青色颜料的价值又比同等重量的青金石昂贵得多。在这种情况下,即使是作为文艺复兴三杰之一的大艺术家米开朗琪罗也曾因买不起群青,而没有完成一幅名为《埋葬》的作品,更别说那些经济条件远在米开朗琪罗之下的普通艺术工作者了。

图 9-4 米开朗琪罗未完成作品《埋葬》

情感生活对艺术工作者创作状态的影响,还要更甚于经济状况。一般来说,一个艺术工作者所从事的工作需要的情感基调,与生活中体验到的情感基调,不应有过于巨大的差别。比如,一个写幽默故事的文字工作者,他的生活中就不应该有太多的苦难,否则他很难长期保持旺盛的创作冲动。客观上,那些突如其来的苦难也会频繁打断他的创作,影响他的作品产出量。

即使是同一个艺术工作者,他所创作的作品也会因不同的情感、思想或不同的人生观而呈现出迥然不同的样貌。如古代词人李煜,在其为南唐皇帝的时候,词作主要反映宫廷生活和男女情爱,风格绮丽柔靡;在其被俘后,词作的主题迅速转为反映亡国之痛,风格也变得哀婉凄凉,意境深远,极富艺术感染力。

3. 受自身政治地位的较大影响

一个艺术家之所以能够成就,还跟他所处社会的政治环境以及自身的政治地位高度相关。在第一部分的内容中,我们就已经提到,在古代纯粹艺术家的地位并不高,与日常提到的木匠、皮匠、砖瓦匠等工种享有同等地位,都是社会地位比较低下的工作,收入也是微薄的,在政治地位属于比较"卑贱"的阶层。

在这种情况下,一些艺术家往往借助个人政治地位的辅助,更容易获得广泛的社会影响力。比如,我国艺术史上的"唐宋八大家",大多有着相当高的政治地位,官职最高的王安石是宰相,苏辙做过尚书右丞(在当时相当于副宰相),欧阳修是参知政事(在当时相当于副宰相),苏轼官至翰林学士(在当时为预备宰相),韩愈死后被追封为礼部尚书(比宰相低一级),曾巩曾被选为中书舍人(负责替天子起草诏书),柳宗元最高官至礼部员外郎(相当于现在的副司长)。在中外艺术史上,是政治家的同时还是艺术家的代表不胜枚举。近现代也有毛泽东(诗歌与书法)、罗斯福(歌剧评论)、里根(表演艺术)等政治家在艺术上获得了杰出的成就。

我国古代许多本身没有很高政治地位的著名艺术家，也有着依附高官的经历。例如，被称"画圣"的唐朝画家吴道子，曾任过内教博士；著名风俗画《清明上河图》的作者张择端，曾在宋徽宗时的翰林画院任职；被称为米南宫的书画家米芾，宋徽宗时被召为书画学博士，常伴宋徽宗左右。通过这种上层路线，这些艺术家也获得了广泛的社会影响力，使自己的经济基础和社会地位得到了较大的提高。在依附高官方面，西方艺术家中也不乏案例。如意大利文艺复兴时期的三杰就非常具有代表性。米开朗琪罗所作的《最后的审判》是为教皇三世所作，《圣保罗的皈依》和《圣比得受难》是为圣保罗三世绘制的，《卡希纳大战》是为佛罗伦萨议会大厅所作，他还应教皇的旨意为罗马的梵蒂冈绘制了大量壁画；列奥纳多·达·芬奇的《最后的晚餐》和《圣母、圣子和圣安妮》等，都是为米兰圣玛利亚教堂所作的著名作品；拉斐尔更是得到教皇的重用，曾担任圣彼得大教堂的建筑总指挥，教皇还委任他负责对罗马的文物进行挖掘工作，职务为总监。

同时需要指出的是，这种依附性的关系很容易伤害艺术工作者的艺术独立性，如果艺术工作者的意志不够坚定，就会对艺术创作产生严重的负面影响。我国历代宫廷有很多书画家，并且都

图9-5 郑燮（郑板桥）作品

是艺术功底很扎实的，但是，进入宫廷以后，他们的作品就没有自己的个性了，清代的"四王"（王时敏、王鉴、王原祁和王翚）就是其中的代表，他们的作品一味地模仿古人。因为他们在生活上享用了君王的厚禄，艺术上也失去了大部分独立性。与之形成鲜明对比的是，一些拒绝依附的艺术工作者因为坚持自己的创作风格而获得了巨大的成功。如"四王"同时期的画家"扬州八怪"（又称扬州画派，以金农、郑燮、黄慎、李鱓、李方膺、汪士慎、罗聘、高翔为代表）和石涛。

在中国书画史上著名的"扬州八怪"中，大多为没有政治身份的平民百姓，如李方膺、李鱓和郑燮三人也只是做了不得志的县官，政治地位对艺术作品的传播作用也非常有限。他们在艺术领域的成功，主要得益于自己的艺术风格有更强的艺术生命力和时代穿透力。

综合以上三种情况，政治环境的优劣对于艺术家的地位与艺术价值影响巨大。一个艺术从业者的政治环境优越，其政治地位高的概率就大，同时他的艺术价值就更容易得到体现。但这种影响是相对的，而不是绝对的，极少数的艺术天才可以通过自己的艰难努力打破这一限制，获得同样广阔的艺术表现空间。

4. 对自然与生活的深刻体悟

从根本上说，自然与生活是养育艺术和艺术家无与伦比的土壤。艺术来源于自然，来源

于生活。一个艺术工作者想要成为艺术家,就需要对自然和生活产生深刻的体悟。如果一件艺术品中所表现出的相应体悟是比较浅层次的,与艺术品受众的认知水平持平或者只是稍有突破,就无法产生具有"惊艳感"的审美效果。

与一般的艺术工作者相比,艺术家所爱的不是艺术本身,而是更接近美的源头的自然与生活。艺术本身对一个艺术家而言,往往只是描绘与记录自然与生活中各种美丽事物的手段。如果这种手段不足以表达他所见闻或见闻中感悟的美丽事物,他会急不可耐地寻找甚至直接创造出一种全新的手段来。对艺术家而言,"为艺术献身"的口号指向的也是在艺术创作道路上遇到的千姿百态的美丽事物,而非前人写就的艺术范式。

第二节 艺术工作者的个人修养与作品格调

在艺术鉴赏活动中,通过对不同艺术工作者及其作品的比较,我们可以清晰地看到一个脉络:艺术家个人修养的高低与作品格调的高低呈现出强烈的正相关关系。一般而言,我们可以从深邃的思想感悟、深厚的知识积淀、感人的审美情感、优秀的艺术活动能力四个方面,评价一个艺术工作者个人修养的所处层次。在这四个方面表现越是优秀的艺术工作者,越被认为具有高度的个人修养,越容易成为艺术家,艺术鉴赏者在鉴赏其作品的时候也会不由自主地认为作品的格调更为高雅。

一、艺术工作者个人修养的四种内涵

1. 深邃的思想感悟

在前面的内容中我们已经提到,艺术产品的本质是精神。想要生产出优秀的艺术品,艺术工作者就需要拥有深邃的思想感悟,把自己对人生真谛和社会发展规律进行精深的体察形成产生的认识和发现及精辟见解,再把这些精神成果以一定形式注入其中。纵观中外艺术史,凡在艺术史上留下光辉一页的艺术作品,无不具有独特的思想意义与哲理光彩。

以挪威画家爱德华·蒙克的绘画作品《呐喊》为例,画中最为震撼人心的是用线条与色彩构建的动荡不安的感觉。在生活中我们永远看不到那样扭曲的天空与水流,与桥的粗壮挺直的斜线呈现出凝重感,两者形成鲜明对比,共同塑造了动荡不安的感觉。在这些形式要素的映衬下,捂着耳朵张嘴大叫的扭曲人形也马上鲜活起来,仿佛那一声刺耳尖叫的声音正在不断

图 9-6 爱德华·蒙克绘画作品《呐喊》

地冲击着鉴赏者的耳膜。作者通过巧妙的设计,用视觉的符号唤起了鉴赏者听觉方面的感受。蒙克的巧手妙思,将那尖叫背后隐藏的内在焦虑,转化成了一种令人信服的抽象意象,使画面有了穿越时空、直面人性的坚强力量。

2. 深厚的知识积淀

艺术工作者要表现的对象是整个社会人生与大千世界,在表现之前先要有相当深入的了解,在这个了解的过程中也就形成了深厚的知识积淀。如果脱离了这一层深厚的知识积淀而强行表现社会人生与大千世界,我们很难说这种活动是艺术创作,倒更像是一种出乎本能的表达冲动。

在相声艺术中,一直有"相声演员的肚儿是杂货铺"的诙谐说法。这种说法俏皮幽默,又直指艺术创作对深厚知识积淀的高度依赖。社会生活是艺术创作的广阔源泉,艺术家生活经验与生活知识的广度与深度直接关系到艺术工作者的艺术成就。对于现代的艺术工作者来说,不止自身所从事行业的艺术理论知识要高度掌握,对社会生活中相关的自然科学、社会科学、生活知识也要广泛涉及。生活知识的内容包罗万象,既包括历史的、民族的、地域的等时空知识,又包含政治、经济、科技、文化、伦理、法律、宗教等方面的内容。

把这些知识积淀到一定程度后,才能更好地让艺术作品反映生活、高于生活,创作出让鉴赏者信服的艺术作品。

3. 感人的审美情感

情感是艺术的重要特征,一件艺术品如果没有承载感人的审美情感就没有艺术的美感。而一个缺乏强烈健康感情,没有完善的审美情趣,失去独立人格的艺术工作者是没办法产生出优秀的艺术品的。

需要特别指出的是,一个优秀艺术工作者的情感应该是群体、大众情感的凝聚,是纯净的、健康的、代表人民的心声,或者至少有一定的社会代表性,而非艺术工作者个人的情绪宣泄。与一般社会人群的情感不同,一个优秀艺术工作者或艺术家的情感要对日常生活情感进行升华,要更加纯粹而不受外部的影响,简单说就是要更加高尚。毕竟,在艺术创作的过程中,受诸多因素的影响,情感的传达往往会出现一定的偏差与走样,越是纯粹的情感,就越是能够原汁原味地传达给鉴赏者,从而获取更好的审美效果。

4. 优秀的艺术活动能力

除了以上三点,艺术工作者的个人修养除还包括在艺术创作、接受、艺术评论、教育、管理以及艺术传播等方面的艺术活动能力。这些能力会帮助艺术工作者加强自己与社会的联系,在与社会的互动中获得更多的创作素材与成长机会。

二、艺术工作者加强个人修养的重要作用

从艺术工作者的四种内涵中,我们就可以看出,艺术工作者的个人修养对自身艺术成就及其作品都具有重要意义。简而言之,这些影响主要体现在以下四个方面:

1. 能否成为艺术家的决定因素

对一个具特殊艺术才能的艺术家而言,其艺术才能的源泉一方面是有天资才赋与一定的生理基础,另一方面就是社会实践、培养教育和自我修养。随着艺术生产的高速发展,前者在艺术表现力上的占比越来越小,而后者的占比越来越大。在艺术培养的实践中,这一点也越来越突出。常见的现象是,一个少年艺术天才在翩若惊鸿的亮相之后,因为个人心态的

变化等原因放弃了在个人修养上的努力,很快泯然众人;而一个天赋并不出众的艺术学徒,靠着坚持不懈的努力,最终成为艺术舞台上的常青树。如京剧表演艺术家梅兰芳先生,在初学京剧表演时,嗓音条件并不突出,眼神呆板而不灵动,但通过长期的刻苦努力成为第一名角,最终更是成为闻名世界的艺术大师。反之,也存在一些艺术家对个人艺术修养成长的追求裹足不前,最终被大众遗忘而退出艺术家行列的案例。

可见,加强个人的艺术修养对能否成为艺术家、成为何种艺术家,甚至能否永远成为艺术家都具有决定意义。

2. 成为优秀艺术家与艺术大师的前提

一般来说,"艺术家"这一称谓代表了社会大众对一个艺术工作者艺术成就的高度肯定。在"艺术家"之上的"优秀艺术家"和"艺术大师",社会大众又提出了更高的评价标准。艺术家通过艺术创作活动最大限度地关心人民权利和尊严,最大限度满足时代要求,最有成效推动社会发展,从而成为"优秀艺术家"。艺术大师需要具有鲜明的个性风格,且其作品有艺术的高度和难度,以创新为己任,为丰富艺术表现语言耗费毕生精力而最终获得成功,引领潮流,并对当时社会及后世社会具有巨大影响力。

这就要求艺术家有高度的事业心和责任感,以严肃认真的态度对待艺术创作及一切艺术活动,注重社会效果,提高艺术作品质量。要做到在艺术上精益求精,力戒粗制滥造,认真严肃地考虑自己作品的社会效果,力求把最好的精神食粮贡献给人民。

3. 影响作品个人风格

艺术风格是艺术作品内容与形式的统一所呈现出来的艺术特色。艺术工作者因其生活阅历、思想性格、审美趣味、艺术才能及文化修养等的不同,其艺术风格也就不同。一般来说,艺术风格包括个人风格、时代风格和民族风格。其中,个人风格受艺术修养的影响最大,也是影响一个艺术工作者艺术价值和商业价值的核心要素。想要在艺术价值、商业价值任

图 9-7 韩干《十六马图》局部

一层面获得成功,就一定要加强自我的艺术修养。只有如此,才能紧紧把握住时代的脉搏,成为用艺术表达社会现象的艺术家,形成恒久流传的个人风格。比如同是画马,唐代韩干的马风骨雄健丰满,宋代李公麟的马雄健不凡,现代徐悲鸿的马则呈现出刚健奔放的风貌。

在艺术史中,我们可以通过对同一时代艺术从业者的横向比较,得出一个显而易见的结论:只有具有深厚艺术修养的从业者,才能在长期的竞争中胜出,成为具有时代代表性的艺术家。

4. 影响作品格调

艺术工作者的艺术修养还在一定程度上影响着艺术作品格调的高低。在艺术工作者的创作过程中,总是把自身所具有的优秀精神品格作为生产要素投入到创作过程当中,并在最终的产品形态上进行一定程度的表现。而艺术工作者艺术修养的高低在很大程度上决定了优秀精神品格的数量与质量,并最终在艺术作品的审美品质与格调上展现出来。

中国古代的画论强调把"技而进乎道"(清·魏源语)"艺而进乎道"作为最高追求目标。其中的"道"指的就是人生修养的境界,反映了人品的高下,更反映了绘画作品的基本格调。对于一个惯于阿谀奉承的人,人们很难相信他能在绘画作品中表现出足够的风骨;而一个愤世嫉俗的画家,如八大山人,人们相信他的风骨,同时也不会期待他用画笔展现人世间的温暖。

第三节　艺术家的社会责任

在当前的社会舆论环境中,人们谈到社会责任时,焦点往往聚焦于企业和企业家身上。因为企业和企业家作为社会运转中的重要节点,对社会的方方面面都有着不可忽视的长远影响力。而对艺术家的社会责任,当前社会上的大多数人群并不能充分认识到其重要性。

要知道,艺术是人类用来调节精神生活的一种手段,是人类精神世界的重要窗口,精神世界遭遇污染的后果同样可怕。而每当人们在精神或心理上出现问题时,除了信仰和医疗这两个主力军,艺术也发挥着其不可替代的作用。在第六章第一节的内容中,我们提到了艺术品的社会价值:艺术家创造的艺术作品,不仅具有丰富社会审美的作用,也承担着使社会发展趋向于和谐的重要使命。所以,我们在艺术鉴赏的实践中也要充分考虑这一点,要求一个艺术家(尤其是广受民众喜爱的艺术家)承担更多的社会责任。

综合前文各章节中的相关内容,我们可以得到在鉴赏中对一件艺术作品进行综合评价的标准,可以被简单总结为三点:首先是能否得到观赏者的认可,其次是作品所创造的市场价值,再次才是获得学术界的肯定及在艺术史上得到的地位和影响。而艺术作品的最高判断标准,应该是这件艺术作品中所隐含的社会责任,是具有促进社会和谐与进步的功能。在鉴赏实践中,我们可以发现一点——最成功的艺术作品必然承担着塑造与传承社会精神财富的重要职能。而这种职能是不可替代的,是艺术品永恒价值的具体体现。

艺术家的社会责任,是通过自己特定的作品,使受众在身体上和心理上得到真善美的体验,得到应有的社会关怀,从而推动社会的良性进步与美好发展。同时,艺术家群体自身也广受社会关注,并从这种关注中持续获利,所以其对自身日常行为进行相应管理也是一种社会义务。

一、艺术作品与社会责任

社会责任是一种非常原始、非常朴素的价值观,自古有之。在中国传统哲学和文化体系中,郑板桥的"衙斋卧听萧萧竹,疑是民间疾苦声"就是其中的典型代表,充分体现出了中国古代艺术家的社会责任感。这种社会责任感是与艺术家的价值追求紧密相连的,也是他们创作灵感和动力的重要源泉。

反观当今社会,存在着一些可能消磨社会责任的现象。很多所谓的"艺术家"作为艺术家的使命感和责任感已经灰飞烟灭,艺术家的境界和艺术作品的格调变得庸俗、媚俗,甚至粗俗。

比如,自杜尚用一个马桶送去艺术展览后,引发了"是精英掌握审美原则还是大众掌握审美原则"的大讨论,艺术所能涉及的领域与范畴得到了极大拓展。有些事情在挑明那一刻让人觉得惊艳,但很快就会变得索然无味,"第一个做的是天才,第二个做的是蠢材"说的就是这种情况。在可以期许的巨大利益面前,一些缺乏社会责任感的艺术家没能坚守住底线,一大堆让人看不清、道不明、让人莫衷一是的所谓"艺术作品"开始涌现出来。

图 9-8 杜尚广受争议的作品《喷泉》

二、艺术家行为与社会责任

艺术家行为的社会责任范围很广,既包括了艺术家要遵纪守法及其作品内容的扬善抑恶等基本层面的要求,也包含了从事社会公益事业、引领健康的社会风潮等更高层面的要求。如果一个艺术家能够高举社会责任的大旗,把承担社会责任当成是精神的事实、本性的释放、自然的投影和社会的反光,从而使艺术家的生命更加丰满,更赋有价值,更有意义,也使这个社会更加文明,更加和谐,更加进步。在这个过程中,艺术家自身的人格会更加完善,心灵会得到升华,作品的艺术格调也会得到提升。

总之,我们在评价艺术家的时候,要把他的作品和行为放在一个更广阔、更完整的社会系统里去检验,才能得出一个全面而真实的评价。只有如此,鉴赏者做出的评价才经得起历史检验。

思 考 题

1. 艺术工作者与其他行业的工作者相比具有哪些特点?
2. 一个艺术工作者应该如何使自己真正成为受广大人民尊重的艺术家?
3. 艺术工作者个人修养的四种内涵具体有哪些?
4. 艺术家承担了什么样的社会责任?

课 外 延 伸

1. 搜集不同时代关于马的艺术作品,在比较中体悟不同时代的艺术追求与背后所体现的时代精神。
2. 了解"先锋艺术"及相关作品,试着说出自己的理解与评价。

第十章　艺术创作过程与创作心理

通过前面的内容,我们已经知道了艺术创作是一种融精神活动和生产制作活动为一体的复杂系统。在艺术鉴赏过程中,我们既要对艺术家的精神活动有充分的了解,也要对艺术品的生产制作活动有相当的了解,这样才能获得更全面的审美体验。

在本章中,我们用两节的内容剖析各种艺术形式共同遵循的创作过程与创作心理。

第一节　艺术创作的过程

每一种艺术形式的创作过程都有其特色,与其他艺术形式往往有着很大的差别。但抛开表面形式的不同,寻找其内在的创作逻辑,我们会发现所有的艺术创作都遵循一个规律:艺术家受创作欲望的推动,运用一定的艺术语言和艺术手法技巧,通过艺术的加工和创造,将自己的生活体验与思想感情转化为具体、生动、可感的艺术形象,将自己的审美意识物态化为艺术作品。

这个过程,我们可以将其总结为艺术体验、艺术构思、艺术传达这三个阶段。其中,艺术体验的具体体现是艺术家在生活中对各种素材的认识与积累,艺术构思是发生在艺术家脑海中的创作构思过程,艺术传达是艺术家把生活体验和思想情感转化成艺术作品的过程。

清代画家郑燮在一幅竹画的题文中写下了一段文字,生动地描述了整个过程:"江馆清秋,晨起看竹,烟光日影露气,皆浮动于疏枝密叶之间。胸中勃勃遂有画意。其实胸中之竹,并不是眼中之竹也。因而磨墨展纸,落笔倏作变相,手中之竹又不是胸中之竹也。总之,意在笔先者,定则也;趣在法外者,化机也。独画云乎哉!"

这一段话翻译成白话文:"在江边的私塾教书,每逢清爽的秋天,早晨常起来欣赏竹子。这时,白茫茫的烟雾、太阳的影子、露水的白气,都在树枝与密叶之间飘浮流动。于是,胸中情致勃动,就有了作画的兴致。其实,这时在脑海里映现的竹子,已经不是眼睛所看到的竹子了,于是赶快取砚磨墨,展开了作画用的纸,趁着高兴落笔作画,尽情地挥毫,一气呵成了。这时,笔下所画出来的竹子又不是脑海里映现的竹子了。总而言之,立意要在下笔之前决定,这是不变的法则;而情趣却在技法之外,这是随机的灵感。唯独作画是这样的吗?"

总结这一段文字,画家把自己画竹的过程分为"眼中之竹""胸中之竹""手中之竹"三个阶段,也正好对应了艺术体验、艺术构思、艺术传达这三个阶段。在这三个阶段中,画家首先接触到的是视觉中竹子外在形态,来自画家的生活观察与体验;竹子外形在画家头脑中与他的思想感情融合,掺入了画家的审美意识和分析判断,就成了"胸中之竹";最终,通过艺术化的生花妙笔,把"胸中之竹"物化成为纸面上的"手中之竹"。这三个过程走完,一幅传神的画就被绘制出来了。

在文字的末尾,具体到一件艺术作品的创作过程,这三个阶段还可以进一步细化为准备、酝酿构思、顿悟、完善和验证四个阶段。

一、准备阶段

准备阶段又可以分为有意识的准备和无意识的准备两种。有意识的准备是指艺术家通过查阅观察、访问等手段,搜集资料,形成艺术作品的核心概念,有目的、有计划地为创作活动做准备;无意识的准备是指艺术家之前有大量的生活积淀和创作经历,已经不需要另外去搜集资料,艺术作品的核心概念已经呼之欲出。

有意识的准备更是常见,我们在艺术鉴赏过程中也更容易找到脉络。无意识的准备更多地出现在经验丰富的老艺术家身上,往往需要结合其生平与创作经历才能找准脉络。

图 10-1　激发了光未然与冼星海创作激情的黄河壶口瀑布

在 20 世纪的华人音乐艺术作品,冼星海的《黄河大合唱》堪称伟大。这部《黄河大合唱》诞生的背后,是冼星海前 20 年积累的爆发。这其中既有冼星海通过刻苦学习积累下的深厚音乐理论基础,丰富的创作经验更是功不可没。他曾受过系统的音乐教育,后留学法国,师从名家,毕业回国后,积极投入抗战歌曲的创作和救亡音乐活动中,创作了大量群众歌曲,谱写了电影、话剧等各种题材、各种类型的声乐作品。冼星海奔赴延安后,这一切的积累有了爆发的机会,成为他独有的丰厚音乐沃土,为这一堪称千古绝唱的诞生做好了充足的准备。

二、酝酿构思阶段

酝酿构思阶段是艺术创作中最难把握的阶段,也是艺术鉴赏活动中难以触及的阶段。这个阶段可能短暂到只有几分钟,也可能长达几年。这个过程完全发生在艺术家的大脑活动中,除了艺术家事后进行自我表述,我们没有其他办法了解其样貌。

通过对艺术史中相关描述的研究,我们可以发现这一过程的启动充满了偶然性,不同艺术家酝酿构思的过程也可能完全不同。画家、诗人一眼瞥见一处优美的景致,就有可能在感知的同时,瞬间就完成了一幅画或一首诗的构思;而作家、剧作家在提笔写作时,新的情节、人物、细节仍会汩汩而来,即构思在创作过程中依然在进行;而建筑艺术家们有意识地打腹稿,冥思苦想,在大量的计算中寻找美观又符合力学结构的造型也是构思。

三、顿悟阶段

顿悟阶段是酝酿构思的结束,也是艺术家创作欲望爆发的开始。这一阶段,艺术家常"恍然大悟",脑海中酝酿构思的艺术作品的各个部分逐渐清晰化,一种崭新的美感在艺术家的大脑中被创造出来。这一奇妙过程的引发,往往始于艺术家以其心灵拥抱了某一个视觉形象、一段经历、一次遭遇、一条消息、一个故事、一个人物、一个细节等,在它实际到来之前,谁也无法预料会以什么样的形态在什么时间出现。因此,艺术家们往往将这个阶段称为"灵光乍现""灵感出现"等,赋予其传奇色彩。

图 10-2 《伏尔加河上的纤夫》局部

画家列宾在涅瓦河畔路遇一群衣衫褴褛的纤夫,一下子被劳动人民的悲惨生活打动,产生了创作《伏尔加河上的纤夫》的灵感;毕加索则从非洲民间制陶艺术中获取创作灵感,从而获得了创造抽象绘画的丰沛灵感。通过这两个案例,我们可以看出"灵感"的一些普遍规律。首先,它要有坚实的知识做基础,这些坚实的知识是"灵感"被点燃的"薪柴";其次,还要有科学的思维方式和认真的思考,这是从"灵感"走向"创作"的基础条件;最后,还要多接触生活,只有外界信息的触发,才能让艺术家产生顿悟爆发出灵感。这三个条件缺一不可。

四、完善和验证阶段,也称表现阶段

在顿悟阶段结束后,艺术家受到创作欲望的驱使,往往会迅速进入完善和验证阶段。在这一阶段,艺术家用所从事艺术的表现方法,逐渐把头脑中的观念外化出来,写在纸上、画在纸上,形成草稿、草样并经过一系列的修改、润色活动后,形成最终的艺术作品。

图 10-3　达·芬奇绘画草稿部分

第二节　艺术创作的心理特征

艺术作品创作过程是人类精神活动的过程,是创作者的心灵与生活中的素材相互碰撞和磨合的过程,是创作者通过这扇心灵窗口沟通并唤起欣赏者和社会的共情与互动。基于这一点,研究艺术作品创作过程中艺术家的心理活动对于艺术鉴赏实践来说非常重要。

掌握对艺术创作心理进行研究的基本方法,我们就可以在鉴赏作品的过程中挖掘出对艺术作品产生影响的各种因素,获取其中蕴含的艺术家的能动性、个人的内心活动、个人的思想、人类社会的精神文化及物质文化等丰富内涵。

一、心理因素在艺术创作过程中的作用

在艺术创作过程中发挥重要作用的心理因素有情感、想象和思维三大组成部分。其中,情感、想象的心理因素具有移入的作用,而思维则起着纽带的作用。

1. 情感的作用

艺术作品之所以能打动人,在于其凝聚着创作者强烈的思想感情。这种艺术情感是创作者对客观事物的一种情绪体验,随着生活体验的深入、艺术构思能力的加强和运用艺术语言技巧的提高而逐步丰富。这种情感为创作者提供着源源不断的创作动力,也被创作者融入作品当中,成为独特审美价值中不可分割的一部分。一旦这种情感被打断,创作者往往无法完成作品,即使勉强完成,最终也无法达到理想效果。情感在创作心理中的重要作用,在文学艺术创作方面表现得最为淋漓尽致,一部未完成的作品一旦换人操刀,往往人物表现与

剧情走向都会变得非常古怪。比如经常拖稿的知名武侠小说作家古龙,其许多作品就存在他人操刀的现象,这些作品的质量与其亲自操刀的作品相比差距巨大。

图 10-4　受情感影响非常严重的作家——古龙

2. 想象的作用

想象是艺术虚构的重要基础,在创作过程中具有突出的意义。想象的内容并不单单包括图像,还包括声音、味道等五感内容,以及疼痛和各种情绪体验都能通过想象在大脑中"描绘"出来,从而达到身临其境的体验。艺术家在创作过程中,就是把自己之前经历过的内容通过想象进行升华,然后结合自己的艺术概括与虚构进行加工处理并进一步投入到作品创作当中去。

在艺术鉴赏活动中,看艺术作品中所蕴含的创造性想象力的多寡是衡量其创作者才华高低的标准。但需要注意的是,其中的艺术想象要与一般意义上的胡思乱想严格区分开来,必须受艺术创作目的、主题倾向、审美理想和艺术意向等制约。

3. 思维的作用

思维在创作过程中是一种极其复杂的心理活动过程,既包含艺术创作者的艺术心理定势,也饱含着他们在生活体验中获得的各类感性和理性认识。在艺术创作的心理活动中,它上承艺术家对生活的观察和体验,下联创作者运用艺术语言对艺术形象的构思,起到极为重要的作用。概括起来,创作过程的思维活动可以分为艺术思维和形象思维。形象思维是主要的思维方式,艺术家通过事物的整体形象把握其内在的本质和规律,从整体上把握创作并贯穿始终。

二、艺术创作心理

想要在艺术鉴赏活动中更准确地把握艺术家的艺术创作心理,我们一般可以从形象思维、有意识和无意识的结合、艺术灵感的普遍特征这三个方面进行切入。

1. 形象思维

所谓形象思维,也就是艺术家在创作过程中始终伴随着形象、情感以及联想和想象,通过事物的个别特征去把握一般规律,从而创作出艺术美的思维方式。形象思维始终伴随形象,是通过"象"来构成思维流程的,这就是《文心雕龙》中提到的"神与物游"。形象思维始终伴随着感情形象思维离不开想象和联想。不管是在艺术创作活动中,还是在艺术鉴赏活动中,形象思维能力都非常重要,其往往决定着一个人审美水平的高低。

概括地说,形象思维具有以下五个鲜明特征。掌握了以下五个特征,我们就能在艺术鉴赏活动中更好地把握住艺术家进行形象思维的过程,也能准确地识别不同艺术家在形象思维方面的鲜明差异。

(1) 形象性。形象性是形象思维最基本的特点。形象思维所反映的对象是事物的形象,思维形式是意象、直感、想象等形象性的观念,其表达的工具和手段是能为感官所感知的图形、图像、图式和形象性的符号。形象思维的形象性使得它具有生动性、直观性和整体性的优点。

(2) 非逻辑性。在信息加工方面,形象思维与顺序、连续、有规律可循的抽象(逻辑)思维完全不算,而是可以将许多形象性材料创造性地、突然地结合在一起形成新的形象,或由一个形象无迹可寻地跳跃到另一个形象。

(3) 或然性或似真性。形象思维是或然性或似真性的思维,思维的结果有待逻辑的证明或实践的检验。

(4) 概括性。形象思维对问题的反映是直觉式反映,在绝大多数情况下无法做到准确把握,而只能是大体上的把握,对问题的分析也是定性的或半定量的。在一般的学术研究中,形象思维通常用于问题的定性分析。而在艺术创作中,这种概括性的特点在细节上为艺术家留足了发挥空间,使艺术家对问题的表达变得多种多样,艺术世界也因此变得丰富多彩。

(5) 具有创造性。形象思维还具有创造性特征。在艺术创作中的具体表现为艺术家往往并不满足于对已有形象的再现,而是更致力于追求对已有形象进行个人艺术加工,从而获得一个之前不曾有过的新形象。

从以上五个特征,我们可以发现,形象思维与我们日常学习中最常使用到的抽象思维不同,是以人们感觉到或想象到的事物为起点,而不是以概念为起点去进行思维。当然,我们也可以从抽象概念进行想象,下沉到具体形象,这样丰富多样、生动具体的事物也可以得到再现。由此,抽象思维与具体思维是相对而言、相互转换的。

2. 有意识与无意识的结合

在艺术创作中,有意识与无意识的结合也是艺术创作心理的一个重要方面。在人的日常生活、学习和工作中,意识活动和无意识活动是紧密联系着的,在艺术家的艺术创作活动中也是如此。

这里的无意识活动,指的是像"做梦"这一生理活动中,人们无法进行自觉调节和控制的活动,也被称为"潜意识"。在艺术家的成长历程中,随着许多活动的不断重复,这些活动中的一部分会被逐渐转化为无意识活动。随着艺术形象表达经验的丰富,艺术家也会不由自主地在作品层面表现出典型的无意识特征。毕加索后期的绘画就有这一典型特征。在这些作品中,他无意识地用各种扭曲的人体结构形成了一系列极富冲击力与感染力的艺术作品。如图10-5的《雕塑家》中扭曲的女性人体、令人费解的头部联结和错位、被夸张到难以分辨的四肢。这样的艺术作品所表现出来的与现实差别极其巨大的形象,只能用"想象来源于潜意识"来进行合理性的解释。

所以,在艺术鉴赏中,我们既要对艺术家有意识的艺术加工行为进行了解,也要对艺术家无意识层面的表达进行辨识。

图 10-5 毕加索作品《雕塑家》

3. 艺术灵感的普遍特征

前面我们提到的艺术灵感,在艺术创作的心理过程中具体表现为艺术家情绪激动、思路畅通、创造力极强的思维状态。概括地说,艺术灵感作为一种灵感直觉思维,具有以下五种特征。

(1) 突发性和模糊性。艺术灵感的形成往往并不遵循常规逻辑,灵感直觉思维产生的程序、规则以及思维的要素与过程等都很难(甚至是毫无头绪)被自我意识能清晰地意识到的。

(2) 独创性。独创性是定义灵感思维的必要特征。不具有独创性,就不能叫灵感思维。

(3) 非自觉性。其他的思维活动都是一种自觉的思维活动,灵感直觉思维的突出性必然带来其非自觉性。

(4) 思维灵活活动的意象性。在灵感直觉思维活动过程中,意象处于一个关键位置。思维的顿悟严重依赖意象所传达出的暗示与启迪。

(5) 思维高度灵活的互补综合性。思维高度灵活的综合互补性是其思维的重要特征,如潜意识与显意识的互补综合,逻辑与非逻辑的互补综合,抽象与形象的互补综合,等等。

三、创作心理与灵感的产生

1. 观察分析

在进行科技创新活动的过程中,自始至终都离不开观察分析。观察,不是一般的观看,而是有目的、有计划、有步骤、有选择地去观看和考察所要了解的事物。通过深入观察,可以从平常的现象中发现不平常的东西,可以从表面上貌似无关的东西中发现相似点。在观察的同时必须进行分析,只有在观察的基础上进行分析,才能引发灵感,形成创造性的认识。

2. 启发联想

新认识是在已有认识的基础上发展起来的。旧与新或已知与未知的连接是产生新认识的关键。因此,要创新,就需要联想,以便从联想中受到启发,引发灵感,形成创造性的认识。

3. 实践激发

实践是创造的阵地,是灵感产生的源泉。在实践激发中,既包括现实实践的激发,又包括过去实践体会的升华。各项科技成果的获得,都离不开实践需要的推动。在实践活动的过程中,因迫切解决问题的需要,就促使人们去积极地思考问题,废寝忘食地去钻研探索,科学地探索逻辑起点等问题。因此,在实践中思考问题,提出问题,解决问题,是引发灵感的一种好方法。

4. 激情冲动

积极的激情,能够调动全身心的巨大潜力去创造性地解决问题。在激情冲动的情况下,可以增强注意力,丰富想象力,提高记忆力,加深理解力,从而使人产生出一般强烈的、不可遏止的创造冲动,并且表现为自动地按照客观事物的规律行事。这种自动性建立在准备阶段里经过反复探索的基础之上,也就是说,激情冲动也可以引发灵感。

5. 判断推理

判断与推理有着密切的联系,这种联系表现为推理由判断组成,而判断的形成又依赖于推理。推理是从现有判断中获得新判断的过程,也就是基于之前的学习成果与经验总结,在面对新问题的时候得出一个富有新意的判断,与我们日常学习中巩固知识解决新问题时的逻辑是一致的。同样,在科技创新的活动中,对于新发现或新产生的物质的判断,也是引发灵感,形成创造性认识的过程。只是应用在艺术创作层面,这个过程会变得更加捉摸不定,难以进行量化,也没有清晰的定式,之前的学习成果和个人经验总结很难进行复制,结果也就变得更加难以控制。所以,判断推理也是引发灵感的一种方法。

思 考 题

1. 艺术创作的过程一般可以分为哪三个阶段?
2. 艺术工作者的心理因素在艺术创作过程中起到怎样的作用?
3. 形象思维与抽象思维分别在艺术创作中起到什么作用?
4. 如何理解艺术创作中的"灵感"?其又具有哪些主要特征?
5. 能够激发灵感的五种创作心理分别是什么?

课 外 延 伸

1. 通过网络等渠道寻找更换主创人员后艺术创作烂尾的事例,并试着分析背后的原因。
2. 结合自身经历,就判断推理引发灵感的方法进行分析,寻找决定性的要素。

第十一章　艺术的风格、流派和思潮

在艺术鉴赏活动中，艺术风格、艺术流派与艺术思潮是理解艺术家、艺术作品以及艺术史发展流变的三个十分重要的概念。艺术风格为艺术流派的出现创造了先决条件，艺术流派又推动了艺术思潮的发展。

具体而言，艺术风格侧重于从个体的角度，即从艺术家个体及所创作艺术作品的角度来理解和描述其艺术状貌和审美特征。艺术流派则侧重于从群体的角度，即从某类艺术家群体及所创作的相似相近的艺术作品的角度来理解和描述其艺术状貌和审美特征。而艺术思潮则侧重于从社会的角度，即从更为广泛的社会思想、历史文化、时代风尚等角度，来理解和描述其艺术状貌和审美特征。

下面，我们将通过三个小节的学习来系统地认识一下这三个概念。

第一节　艺术的风格

艺术风格是指文艺创作中表现出来的一种带有综合性的总体特点，这种特点表现出独特的创作个性与鲜明的艺术特色。具体而言，艺术风格可分为艺术家风格和艺术作品风格两种。由于艺术家世界观、生活经历、性格气质、文化教养、艺术才能、审美情趣的不同，因而有着各不相同的艺术特色和创作个性，形成各不相同的艺术风格。

具体到某一个艺术创作者而言，在题材选择、主题提炼、情节安排、人物形象塑造、结构布局、语言运用等方面，常呈现出与众不同的特色，形成不可重复的风格。艺术风格是艺术创作者精神特性的印记，它不是体现在一些作品中或某些艺术因素方面，而是体现在全部创作的内容与形式统一中。

需要特别指出的是，并非每一个艺术创作者都具有自己的风格，只有那些刻苦探索、独辟蹊径、勇于创新的艺术家，才有可能形成自己的风格。艺术风格的形成，通常标志着一个艺术创作者正式成为一名成熟的艺术家。

在艺术鉴赏活动中，我们可以通过艺术风格的多样性、民族特色和时代特色来进行分析，进而形成对艺术家艺术风格的科学认识。

一、艺术风格具有多样性

艺术风格往往与艺术家的人格特质息息相关，这也导致了艺术作品风格的多样性。人格是具有一定倾向性的心理特征的总和，是指一个人区别于他人的、在不同环境中一贯的、相对稳定的、影响人的外显和内隐行为模式的心理特征的总和。它包括人格的倾向性和人格的心理特征，前者包括需要、动机、兴趣、理想、信念、世界观等；后者包括能力、气质、性格。

正是因为艺术风格与艺术家人格的这种紧密联系，用于人格分析的四型人格（多血质、粘液质、胆汁质、抑郁质)分析同样被用于艺术风格的归类与分析。下面,我们结合四位世界知名的俄国艺术家的人格与艺术风格的分析来认识艺术风格的多样性特征。

1. 多血质

多血质是人的气质类型之一,也是一种重要的艺术气质。多血质的人最突出的表现是敏感、活跃、叛逆、无法循规蹈矩。从生活层面看,他们的优点是具有热情、活泼、喜好交际、富有同情心、思路灵活等宝贵的品质;缺点是具有变化无常、粗枝大叶、心境浮躁、做事虎头蛇尾等让人头疼的缺陷。如果我们在生活中看活泼、好动、敏感、反应迅捷、热衷交际、注意力容易分散、兴趣和情感变换较快速等特质的人,通常就具有多血质气质。这些优缺点在艺术创作的过程中也从来不会缺席,就使得具有多血质气质的艺术家的作品也体现出明显的多血质特质。

这种气质人格的塑造,往往是一个人基因遗传和后天经历共同塑造的结果,具有鲜明的个性,无法做到百分百复制。下面,就让我们以俄国著名哲学家、作家赫尔岑(Alexander Herzen,1812—1870年)为例,来更全面地了解一位多血质艺术家的成长经历。

1812年,一个婴儿诞生在莫斯科一个大贵族家庭,但迎接他的不是身为贵族的荣耀,而是屈辱的私生子身份,只能以"养子"的身份生活在自己家中,甚至不能跟他父亲拥有同样的姓氏"雅科夫列夫"。"赫尔岑"是其父亲为他生造出来的,据说来自德语的"Herz"(心)一词。虽说父亲对他很宠爱,给了他上等的教育条件,但这种既尊贵又屈辱的矛盾处境对少年时期的赫尔岑影响极大,使得他敏感、自尊心强、叛逆执拗。在很小的年纪,他就开始把自身所遭遇的不公移情于广大的贫苦大众身上,开始思考社会的平等与正义等深刻问题。在十五岁时,正值青春期的他与好友奥加廖夫在麻雀山上面向整个莫斯科发出誓言,将为社会的平等和正义奉献一生。

1829年,十七岁的赫尔岑进入莫斯科大学数理系学习,在接受严谨的科学方法训练的同时,也受到了当时崇尚自由的校园和社会氛围的熏陶。很快,他借助自己的身份和财力,在大学中形成了以他为中心的"赫尔岑小组",逐渐展示出他作为社会活动家和思想家的个性魅力和政治感召力,也逐渐走上被当时的沙俄主流社会认为是"叛逆"的唯物主义哲学研究、反对农奴制度和鼓吹革命的文学道路。在这期间,他从事哲学研究,从事文学创作,还在当时斯拉夫派与西方派的哲学论战中频繁发言。到了1840年代,赫尔岑已经成为莫斯科最显赫的风云人物,取得了巨大的社会影响。但来自沙皇的压力越来越大,扰乱了他的生活节奏,也使得他无法集中精神做自己想要做的事情。于是,为了获得一个自由的政治活动空间和思想传播场所,赫尔岑开始考虑离开俄国,到当时正在搞社会主义革命的西欧去,以获得更广阔的天地。

1847年初,赫尔岑开始了长达二十三年的政治流亡生涯,携家到西欧。赫尔岑一度对当时的社会主义革命抱有幻想,认为正在蓬勃发展的欧洲大革命也会给他的祖国俄罗斯带去福音。很快,1848年欧洲革命的失败,使赫尔岑在思想上遭遇重大危机。他对西欧的社会主义运动失望透顶,转而寄希望于日益高涨的俄国农民斗争,错误地认为俄国可以在保留宗法制的情况下通过农民村社实现社会主义。在之后的日子里,赫尔岑所做的工作可以视为是对之前工作的总结,文笔日益老辣,而思想上已经无力拓展。作为俄国思想家的赫尔岑,其一生表现出典型的"多血质"特征:为了捍卫真理,他成为本阶级的叛徒,最后被迫流亡国外,但仍然念念不忘"精神上的回归"。①

而我们分析他的作品,也可以看出典型的多血质特征。纵观一生,他的沉思和写作均围绕着"为俄罗斯找未来的道路"这一目的,但在不同阶段表现出完全不同的立场,充满了变化与摇摆。这一切尤以他写作的长篇回忆录《往事与沉思》最为突出,其中记录了他自己立场上的不断"摇摆",在俄罗斯他是一个地道的西方派,到了西方之后却倡导起具有斯拉夫派色彩的"俄国式社会主义"。

2. 粘液质

粘液质是人的气质类型之一,艺术史上也不乏这种气质的艺术家。粘液质人的突出特点表现为神经活动强而均衡,同时又安静而富有专注力。从生活层面看,他们的优点是情绪平静而稳定,面对矛盾的时候善于克制忍让,生活规律且不易被打

图11-1　1860年的赫尔岑

断,心无旁骛地专注于自己的事情,抗压能力强,态度持重不跳脱,待人接物不卑不亢,务实不空谈,对待人和事都能做到严肃认真;缺点是思路不够灵活,对外界的反应不够灵敏,因循守旧,对生活和事业都缺乏热情。具有粘液质特征的人如果成为艺术家,其艺术风格也具有典型的粘液质特征。

下面,我们以闻名遐迩的寓言家、作家克雷洛夫为例,了解一个典型的粘液质艺术家的成长历程与作品特点。

克雷洛夫全名伊凡·安德列耶维奇·克雷洛夫(Иван Андреевич Крылов,1769年2月13日—1844年11月21日)是俄罗斯著名的寓言家、作家,出身贫寒的他在文学上成就突出,在世界文学史上也享有很高的地位。1769年的寒冬,克雷洛夫出生在莫斯科。克雷洛夫自出生起就注定苦命,既没有丰沃的田产可以继承,也没有荣耀的家谱来炫耀出身,甚至连定居的地方都没有。在他出生后不久,他的母亲抱着他再度踏上跟随上尉父亲随军的旅途。克雷洛夫的家庭在经济层面上并不富裕,只能过着窘迫的市井生活,在他父亲退役成为八级文官后更因其耿直和不贪污而愈加贫穷。军人家庭的熏陶和经济上的窘境,塑造了他务实不空谈的性格,奠定了人格的底色。而克雷洛夫之所以能走上艺术创作的道路,则与他童年时期待过的特维尔所具有的良好的文化艺术氛围息息相关。童年时期的克雷洛夫在读书之余,还经常到充满了艺术活动的集市上去。在那里,他遇到了一个叫路易斯的意大利乐师,聪慧又善良的克雷洛夫在与他的接触中逐渐掌握了意大利语,并获得了人生中第一个堪称珍贵的礼物——一把小提琴。很快,克雷洛夫展现出了杰出的艺术天赋,在短短的时间里演奏水准就已经接近那位意大利乐师。

---

① 弗·普罗科菲耶夫:《赫尔岑传》商务印刷馆1992年版。

虽然展现出了一定的艺术天赋,但父亲明显不愿意自己的儿子去当一个乐师,而是一心想让自己儿子成为一名体面的公务员。在克雷洛夫十岁的时候,父亲动用自己的关系让年幼的他成为一名负责誊抄法律文件的录事。这个工作,他干得并不开心,不合身的制服让他觉得别扭,上班偷偷读书也会遭到上司责打,而乌烟瘴气的黑幕交易更是让他觉得浑身难受。他尝试着写诗,写了一些稚嫩而又平凡的作品,很快就在别人的打击下变得循规蹈矩,继续沉浸在成为优秀公务员的幻想中。就在这时,父亲因为长期的郁郁寡欢和积劳成疾,溘然而逝。刚刚十岁出头,家庭的重担就开始压到他的肩头。为了生存,克雷洛夫绞尽脑汁用自己所能使用的华丽辞藻,向当时的俄国女皇叶卡捷琳娜二世申请抚恤金,结果石沉大海。

图 11 - 2 克雷洛夫画像

1782 年,十三岁的克雷洛夫为了抚恤金的事情向父亲的战友求助,请了一个月的假举家前往彼得堡,结果一年未归,也因此丢掉了录事的工作,然后他又想方设法在彼得堡找到一个税务局办事员的工作,工作依然是抄录文件,领着不能让 家温饱的薪水。在工作之余,他依然坚持着创作,只是依然遭到诸多打击,先是走悲剧路线不成功,后来改走讽刺喜剧也不受欢迎,大多数作品从始至终都没有被搬到过舞台上。到了接近二十岁的时候,他在文学创作方面有了充分的积累,终于有作品可以被搬上舞台,却因为处事不够圆滑,得罪太多人而无法再进行剧作工作。他也被排挤到艰苦的矿山考察队中供职,这几乎是想要葬送他的性命。于是,他不得不以生病为由离开,落得一个灰头土脸的下场。

在二十岁出头的年纪,他为当时深受叶卡捷琳娜二世喜爱的女演员丽赞卡出谋划策,成功抵抗了当时的俄国重臣的追求,但也因此使得掌管戏剧的官员被免职,断送了自己在戏剧圈继续发展的希望。在脱离戏剧界后,克雷洛夫开始转向诗歌创作,但盲从于当时文学格式的风格,使得他含有大量响亮词句、高大形象的诗歌显得矫揉造作,虽然常有发表却总是籍籍无名。为了宣泄旺盛的精力,他开始把主要精力用在办杂志和参加各类文艺沙龙上,先后办了《精灵邮报》《观察家》《圣彼得堡水星》,但是因为激进的政治倾向而遭到沙俄官方的取缔。直到 1804 年,三十五岁的克雷洛夫才在寓言作家德米特里耶夫的引导下走向寓言创作的道路,并一发不可收拾。克雷洛夫创造性地凭着睿智、幽默而又通俗的语言,配上精彩的故事情节和带韵的诗体,使得他的寓言突破了道德训诫的界限,成为讽刺文学的精品,从而受到文学界和公众热烈的欢迎,广为流传。当时甚至发生过克雷洛夫改写的拉封丹的寓言又被译回法语,并比原作还受欢迎的事情。

跟之前一样,克雷洛夫总是善于使自己显得不合时宜,即使是在自己最擅长的寓言创作中也是如此。1812 年拿破仑入侵俄国,四十三岁的克雷洛夫密切关注战争局势写了一系列寓言,对当时的时局变化产生了巨大影响。在库图佐夫决定放弃莫斯科施行"焦土战",遭到上层不满和很多人责难时,克雷洛夫写了《大车队》《乌鸦和母鸡》为库图佐夫辩护,指出此时最需要团结一致,不能各自为政。当拿破仑因遭到惨败而求和时,俄罗斯举国欢腾,认为终于取得了伟大的胜利,克雷洛夫却马上写了《狼落狗舍》这一名篇,提醒人们认清拿破仑求和的本质。而沙皇当亚历山大一世以胜利者的姿态返回莫斯科时,杰尔查文、茹科夫斯基等克雷洛夫的老友都写了歌颂他的诗文,唯独克雷洛夫保持沉默,并为此而写了寓言《黄雀与刺猬》,自称"自知只能呼唤黎明,不是迎接太阳的歌手"。①

3. 胆汁质

胆汁质,人的四种性格类型之一,也是所有艺术人格中最灿烂动人的类型。胆汁质人的典型特点是情感发生迅速、强烈、持久,动作的发生也是迅速、强烈、有力,常常表现出火一样的热情,海洋一样的汹涌。在生活层面,胆汁质的人都很外向,对人非常热情,为人直爽,精力充沛,脾气急躁,容易冲动,情绪常常像海浪一样剧烈变化,重感情而轻利益,面对外界的变化能够迅速反应。这样的人一旦成为艺术家,往往会像太阳一样光芒四射,绽放出别样的艺术魅力。这一类的艺术家,在我国的历史上有李太白、苏东坡,而在俄罗斯则是普希金。

普希金,全名亚历山大·谢尔盖耶维奇·普希金(Александр Сергеевич Пушкин,1799年6月6日—1837年2月10日),出生于莫斯科一个贵族地主家庭。在他出生以前,普希金家族在数百年间缔造了许多荣耀,并一直以桀骜不驯的家族风格在莫斯科上流社会中被传扬。虽然在政治层面不太受重视,甚至隐隐地被打压,但他的家庭成员大多具有浓郁的艺术气质。他的父亲能用法文和俄文写诗,母亲是深刻影响了俄国科技发展的黑人科学家阿·彼·汉尼拔的孙女。即使是奶娘,也是熟知俄罗斯民间风俗和古老故事的博学者。除此之外,家中藏书也颇为丰富,父母日常结交的也有很多文学名流。在这种环境的熏陶下,普希金八岁就开始用法文模仿写作诗

图11-3 普希金画像

歌和小剧本,十二岁就开始了自己的文学创作生涯,主要发表于同学间流传的手抄报上,深受欢迎。1812年,俄法1812年战争爆发,有更多机会与青年军官交往的普希金接受了自由思想,也觉醒了澎湃的爱国热情,也奠定了他一生的基调——在不断的抗争中表达对俄罗斯民族热烈的爱恋。

1814年7月,年仅十五岁的他就以一篇诗歌《致诗友》发表在《欧洲通报》上,展现出非凡的文学天赋,成熟的技法和趣味的语言使人很难相信写出它的人只有十五岁。1815年1月,在语言学科的考试中,普希金凭借一首《忆事》深深打动了考官杰尔查文,这位杰尔查文

---

① 斯捷潘诺夫:《克雷洛夫传》,黑龙江人民出版社1983年版。

还有两个身份分别是著名诗人和退役司法部部长。由此,普希金被认为是俄罗斯难得的天才,一些著名的文坛大师开始走进校园,探望这位还不能随便走出宿舍和校园的学生,向他表示祝贺与鼓励。就这样,年轻的普希金像太阳一样尽情地释放着自己的才华,在与友人的通信中,在自己的日记中,不断地写下诗篇,开始为自己眼中"不幸的人民"(出自政治讽刺诗《致里齐尼》)大声疾呼。1817年3月,还不满十八岁的他就出版了自己第一本诗集《亚历山大·普希金诗集》。同年,普希金也毕业了,进入彼得堡外交部任职。同年7月,刚满十八岁的他完成了抨击沙皇黑暗统治的诗歌《自由颂》,造成了一定的社会影响,也开始了与沙皇不断战斗的人生。

1819年7月,普希金写出歌颂美丽风光和深切同情农奴命运的诗歌《乡村》。1820年3月,完成第一部长诗《鲁斯兰和柳德米拉》,诗中使用了大量俄罗斯民间故事素材,如魔法师、女水妖、隐身帽、巨头与长须矮人的战斗以及鲁斯兰的死而复活等,充满离奇的幻想和神秘的历险,引起文坛关注,被认为是向贵族传统发出的挑战,他本人也被变相流放到外地,直到新沙皇登基才被召回莫斯科。之后的十几年中,普希金每隔一段时间就有震动文坛的诗歌出现,如长诗《高加索的俘虏》、短诗《假如生活欺骗了你》、诗体小说《叶甫盖尼·奥涅金》、长诗《青铜骑士》、小说《上尉的女儿》等。这些作品都在激情澎湃地歌颂自由,抨击沙皇的黑暗统治。

普希金的精力是如此的充沛,是如此的不循规蹈矩,他的手稿上也常常画满了即兴画出的草图和速写。这些草图和速写明显是他一时兴起后随手画的,图画的线条轻盈、急速、飞舞,完全符合诗人的气质和性格。

普希金越是光芒四射,沙皇亚历山大越是惶恐。矛盾在不断地积累,只差一个点燃矛盾的缘由。1836年4月,普希金创办了文学杂志《现代人》(该刊物后来由别林斯基、涅克拉索夫、车尔尼雪夫斯基、杜勃罗留波夫等编辑,一直办到19世纪60年代,不仅培养了一大批优秀的作家,而且成为俄罗斯进步人士的喉舌),10月完成以俄罗斯农民起义为题材的小说《上尉的女儿》,11月写下讽刺沙皇亚历山大建立纪念石柱的诗歌《纪念碑》,终于彻底点燃了他与沙皇之间的矛盾。这个时候的普希金已经成为沙皇的"眼中钉""肉中刺",欲除之而后快,一场针对他性格缺陷的阴谋也随之展开。1837年2月,法国籍宪兵队长丹特斯亵渎普希金的妻子娜塔丽娅·尼古拉耶夫娜·冈察洛娃,普希金为了自己和家族的荣誉选择和丹特斯进行决斗。决斗中普希金身负重伤,随后不治身亡,年仅38岁。[①]

普希金的作品也如同他短暂而灿烂的人生一样,永远充满着激情与鼓舞人心的力量,自由奔放,清新美丽而又朴素单纯,拒绝一切阴谋算计,只留下通透而又奔腾的情绪。

4. 抑郁质

抑郁质是人的一种气质类型,也是一种很常见的艺术人格。一般来说,抑郁质的人比较沉静而缺乏探索精神,体验情绪的方式较少,很少出现强烈的情绪波动,与他人产生稳定的情感也需要更长的时间,但一旦产生情感,就会刻骨铭心、矢志不移,更容易为这些情感所羁绊。在生活层面,抑郁质的人往往为人小心谨慎,做事三思而后行甚至直接放弃,在困难面前显得优柔寡断。这一类人,不管是在生活中,还是艺术界都不乏案例。具有抑郁质气质的艺术家,其艺术创作过程和最终作品也体现出明显的抑郁质特质。下面,就让我们以著名俄国作家果戈理为例,讲述一个典型的抑郁质艺术家的成长与创作之旅。

---

① 列·格罗斯曼:《普希金传》,黑龙江人民出版社1992年版。

果戈理全名尼古莱·瓦西里耶维奇·果戈理·亚诺夫斯基（俄语：Николáй Васи́льевич Гоголь-Яновский，英语：Nikolai Vasilievich Gogol-Anovskii，1809年4月1日—1852年3月4日），果戈理（俄语：Гоголь；英译Gogol）是他的笔名。

1809年，果戈理出生于乌克兰波尔塔瓦省密尔格拉得县索罗庆采镇。果戈理的父亲也是一个多才多艺的人，是当地有名望的乡绅，做过八品文官，后辞去公职，在乡下当起了逍遥自在的地主，同时开始尝试写作，是当地小有名气的诗人和民间喜剧作家。他的父亲经常在朋友家的家庭舞台上上演自己写的喜剧，还在其中扮演主要角色。虽然他的父亲是一个多才多艺的人，却也是一个非常情绪化和容易抑郁的人。果戈理遗传了父亲的才华，也遗传了父亲的气质，这就为他以后充满悲情的人

图 11-4　果戈理画像

生埋下了伏笔。童年的果戈理无疑是幸福的，较好的经济条件和家庭文艺氛围的熏陶，激发了他对戏剧乃至文学的爱好。在父亲的支持下，果戈理从小就把文学看作是为人类服务的高尚事业，为此曾不断试笔，但未获成功。

怀揣美好的理想，但当时的社会环境让还在学校中的果戈理时常为之痛苦。他一边把兴趣放在读书上——尤其对普希金的作品如痴如醉，一边对丑恶的现实不满，并试着在文学习作和手抄刊物上讽刺着各种不良现象。他心中越是渴望增进人类的福利，越是鄙夷现实中的平庸与丑陋。从学校毕业后，果戈理怀着满腔的梦想跑到了俄国当时的首都彼得堡，却惨遭打击。先是中学时期引以为豪的浪漫主义长诗《汉斯·古谢加顿》出版后遭到了批判，接着试图发挥中学时期展露出的戏剧天赋转行做演员惨遭失败。为了求生，这个满怀理想的青年人当过文牍小吏、历史教员，还一度尝试转行成为画家。

1830年春，《祖国纪事》杂志正式发表了他的中篇小说《圣约翰节前夜》，之后又接连发表了类似风格的小说，形成了《狄康卡近乡夜话》系列小说，以奇异瑰丽的乌克兰民间传说和融合现实主义与浪漫主义风格的奇特写法造成一定社会影响，获得了文学界的认可。果戈理的身份地位开始变得大为不同，事业和人脉开始有了巨大转机。1831年5月，他同仰慕已久的普希金相识，结下了深厚的友情。1831年至1832年间，果戈理相继出版了《狄康卡近乡夜话》第一、二部，给他带来巨大声誉，一时间震动俄国文坛。获得巨大成功后，果戈理并没有开始享受生活，而是不断地在现实与理想之间挣扎。他在上流社会中看到的是醉生梦死与自私自利，只有把眼光投向底层人民的时候才能看到健康的力量。于是他发表了《塔拉斯·布尔巴》，俄罗斯文学史上第一步由职业作家创作的以人民为主角的中长篇小说，也因为激动人心的英雄主义和浪漫主义而成为世界名篇。

自此，忧郁的果戈理开始更深入地剖析俄国社会，试图通过对一个个问题的剖析来找到

俄国的未来之路。1835年相继出版的小说集《密尔格拉得》和《小品集》，迈出了创作的新步伐，标志着果戈理从浪漫主义向现实主义的过渡和跨越。1835年写出的剧本《结婚》，揭示了婚姻问题上的等级观念和金钱关系。1836年正式发表的讽刺喜剧《钦差大臣》，改变了当时俄国剧坛上充斥着从法国移植而来的思想浅薄、手法庸俗的闹剧的局面，一时间震动了整个俄国社会，受到了沙皇和当局的猛烈攻击。这些攻击使得思想本来就很矛盾的果戈理深陷抑郁，决定离开祖国到德国和瑞士去继续创作另外一部同样具有讽刺意味小说《死魂灵》。1842年5月正式出版小说《死魂灵》，再次引起巨大的轰动，也因此被当时著名的文学批评家别林斯基誉为"文坛盟主"。但随着他离开祖国的时间加长，他开始变得越来越不了解俄国的现实，这使得他后续的创作遇到了巨大的阻碍，思想也受西欧思潮的影响发生了激烈的变化。1847年，果戈理发表了为专制制度辩护的《与友人书信选集》，引起了俄国先进知识分子的反对和批判。《死魂灵》第二卷的人物设定也逐渐偏离第一卷的基调，日渐发现无法按照自己的理念使得故事中的人物实现理想中的圆满结局，设想与现实之间是如此的矛盾，这也使得果戈理的精神状态如坠深渊。他敏感地意识到了问题，却无力纠正这些问题，意识到自己遭遇到了巨大的局限性，健康状况也日益恶化。1852年，果戈理烧掉《死魂灵》第二卷的手稿，不久后去世，年仅43岁。①

通过对果戈理的成长经历和作品进行分析，我们可以清晰地看到其中所具有的抑郁质特征。从人生经历看，果戈理不断地在现实与理想之间徘徊，崇高的理想与黑暗的现实使得他身心撕裂，不断地在昂扬的情绪与低沉的抑郁之间切换。从主题上看，果戈理的作品以批判黑暗丑恶的社会现状为主，体现出他为祖国的命运而担忧、痛苦的心情，但他没有绝望，他强烈要求改变社会现状，并孜孜不倦地寻找通向"光明未来"的途径。他在作品中不断地呼唤道德，把改造现实社会的目标放在权力阶层和国家机关官员的良心上，试图用道德的压力来迫使他们。但这种一厢情愿的改革既无法讨好当时代表进步的力量（他们期待更多的社会权力来一展抱负），也无法讨好守旧的沙皇和当局（他们无法接受与其他势力分享权力），越发使他显得另类。于是，这种撕裂使他越发地痛苦。

二、艺术风格具有民族特色和时代特色

艺术风格除了带有艺术家鲜明的人格特征和创作个性外，还具有民族特色和时代特色。

艺术的民族风格取决于某一民族的社会物质生活条件、文化传统的特殊性所产生的审美要求和审美理想的特殊性。它同某一民族的共同的语言和心理特点紧密相连。我国传统的绘画具有与西方绘画显著不同的民族风格。这种风格是在我们民族漫长的历史过程中形成的，它渗透着本民族人民对绘画这种艺术特殊的审美要求和审美理想。民族风格具有相对较强的稳定性和持续性。

从美学的角度来看，艺术的民族风格又离不开民族的文化心理结构。民族风格的形成，离不开各个民族独特的文化心理结构，它以一种"集体无意识"的方式积淀下来，并且世代传承、延续下去。从总体上讲，艺术的民族风格就是要体现出民族的精神、性格和气质，体现出民族的文化、风俗和习惯，体现出民族的审美理想和美学传统。

每个时代的艺术常常具有某些相似之处，形成艺术的时代风格。艺术风格的时代特色，

---

① 尼·斯捷潘诺夫:《果戈理传》，黑龙江人民出版社1984年版。

指同一时代的艺术作品常常具有某些共同的特征,体现出这个时代占主导地位的审美理想和审美追求。

从实用的青铜器来看,不同时代具有不同的艺术特色。中国古代的青铜器从总体上讲,都具有造型生动、纹饰精细、铭文清晰、装饰华丽的特色。商周时代是我国奴隶社会的鼎盛时期,青铜艺术也随之达到了极盛的阶段,尤其是商代晚期和西周早期的青铜器,一般体积庞大厚重,尤其流行一种"饕餮"兽面纹。它既像牛头,又像虎头,既像某种凶猛的野兽,又像令人恐惧的妖魔鬼怪;它显示出一种神秘的威力,一种狰狞的美;它带有明显的奴隶社会的印记,象征着奴隶主阶级统治的权威和秩序。到了春秋战国时期,奴隶制度逐渐瓦解,诸侯争霸,王室衰微,呈现"礼崩乐坏"的局面,这个时期的青铜器已经不再为王室所垄断和专用,相当一部分青铜器转为日常生活器皿,器壁变薄,器物变轻,特别讲究器用、造型、纹饰的统一,并且出现了狩猎、采桑、宴乐、攻战等生活气息浓郁的纹饰图案。

从某种意义上讲,这种民族风格或时代风格体现出艺术风格的一致性。它与艺术风格的多样性一道形成了辩证统一的关系,使艺术风格既有多样性,又有一致性。

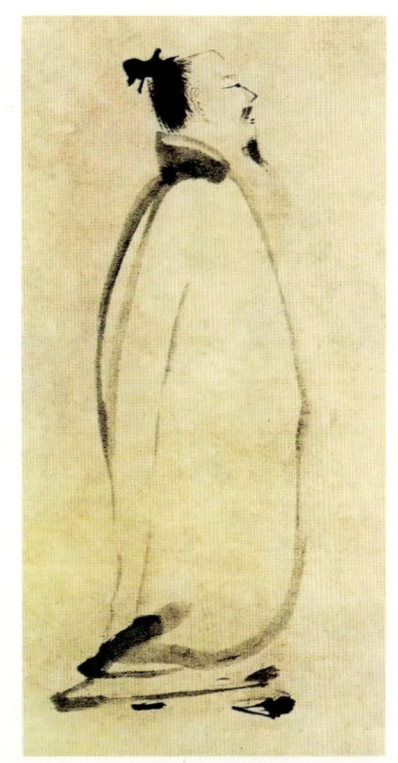

图 11-5 南宋梁楷《李白行吟图》

图 11-6 饕餮纹(左)与狩猎纹(右)

第二节　艺术流派的形成

艺术流派是指在一定历史时期里,由一批思想倾向、美学主张、创作方法和表现风格很多相似或相近的艺术家们所形成的艺术派别。中国的艺术流派有田园诗派、边塞诗派、江西诗派、香山九老、寻根文学、战后派、新兴艺术派等;外国流派有文艺复兴风格、新古典风格、新印象画派、摄影流派、立体派等。

艺术流派的形成是艺术发展到一定程度后必然会出现的现象。一个时代是否有艺术流派出现,这些艺术流派的艺术成就是高还是低,往往是一个时代艺术发展程度的重要衡量标准。

每一个艺术流派都是阶段性存在的,有其生成与消亡周期,这也是艺术流派发展的规律。一般来说,艺术流派在兴起时是有生命力的、有创造性的、充满探索意识的。而当经过一定时期的蓬勃发展后,随着探索空间的缩减,逐渐开始走向式微,最后流于僵化与腐朽,往往成为新的艺术流派反叛的对象。艺术流派的发端与发展过程各不相同。有的艺术流派是在与前面的艺术流派的斗争中生成并发展的;有的艺术流派诞生于艺术流派发展的开放和竞争中;有的艺术流派并存于同一历史时期,彼此之间相生相长,共同创造了繁荣的艺术局面。

按照艺术流派形成过程的不同,学术界一般将它们划分为自觉形成的艺术流派、不自觉形成的艺术流派、后人归纳而成的艺术流派三个类别。

一、自觉形成的艺术流派

自觉形成的艺术流派是由一批具有相同艺术主张的艺术家们,自觉结合形成的艺术流派。他们或有一定的组织和名称,或有共同的艺术宣言,甚至与其他艺术流派展开论争,以宣传自己的艺术主张。为了达到目的,不同的艺术流派之间会发生旷日持久的论战,不管是胜利还是失败,都会对社会的审美趋向产生巨大的影响。

如西方艺术流派中的未来主义、表现主义流派、达达主义和我国现代文学史上的创造社、新月派、文学研究会等,都是自觉形成的艺术流派。

其中,文学研究会创立于1921年1月,发起人是郑振铎、沈雁冰、叶绍钧、许地山、王统照、耿济之、郭绍虞、周作人等,创立的地点是北京,他们把《小说月报》作为会刊,公开发表了自己的创作主张:"文学是一种工作,而且是于人生很切要的工作;治文学的人也当以这事为他的终身事业,正同务农一样"。文学研究会创立后吸引了一批青年作者,涌现了叶绍钧的《人生》《倪焕之》,冰心的《两个家庭》《斯人独憔悴》,朱自清的《背影》《荷塘月色》等优秀作品,对当时的文艺界和社会其他方面都产生了较大影响。

"达达",原为法国儿童语言中"小马"或"玩具马"的不连贯语汇。因为达达主义艺术家在创作中否定理性和传统文化,宣称艺术和美学无缘,主张"弃绘画和所有审美要求",崇尚虚无,使创作近乎戏谑,因而人们把该艺术流派称之为"达达派"或"达达主义"。达达主义是20世纪西方文艺发展历程中一个重要的流派,是第一次世界大战颠覆、摧毁旧有欧洲社会和文化秩序的产物。达达主义作为一场文艺运动持续的时间并不长(1916—1923年),波及视觉艺术、文学(主要是诗歌)、戏剧和美术设计等领域,成为影响深远的文艺运动,对20世

图 11-7 文学研究会合影

纪的一切现代主义文艺流派都产生了影响。

达达主义的主要特征表现为在艺术作品中追求清醒的非理性状态、拒绝约定俗成的艺术标准、幻灭感、愤世嫉俗、追求无意、偶然和随兴而做的境界等。达达主义者对一切事物采取虚无主义的态度,他们常常用帕斯卡尔的一句名言来表白自己:"我甚至不愿知道在我以前还有别的人。"达达主义者的行动准则是破坏一切,采用了巴枯宁的口号"破坏就是创造"。他们主张否定一切,破坏一切,打倒一切。他们宣称:艺术伤口应像炮弹一样,将人打死之后,还得焚尸、销魂灭迹才好;人类不应该在地球上留下任何痕迹。因为这些主张有鲜明的反人类痕迹,使得达达主义在一些情况下表现出原始法西斯主义的特征。

达达主义是一种无政府主义的艺术运动,它试图通过废除传统的文化和美学形式发现真正的现实。达达主义由一群年轻的艺术家和反战人士领导,他们通过反美学的作品和抗议活动表达了他们对资产阶级价值观和第一次世界大战的绝望。达达主义者认为"达达"并不是一种艺术,而是一种"反艺术"。无论现行的艺术标准是什么,达达主义都与之

图 11-8 菲利普·哈尔斯曼的照片合成作品《蒙娜丽莎》

针锋相对。而艺术和美学相关,达达干脆就连美学也忽略了。传统艺术品通常传递一些必要的、暗示性的、潜在的信息,而达达主义者的创作则追求"无意义"的境界。在这背后,是当时的西方艺术界对于战争的恐惧与抵抗,最终只能无奈地败在历史的车轮下,发出绝望的怒吼。所以,在大多数时候,达达主义又表现出一定的人文关怀。

在这种艺术思潮影响下,摄影艺术领域中也产生了"达达派"。著名摄影家哈尔斯曼创作过一幅蒙娜丽莎的画,她不仅有了一张长胡子的男人面孔,那双圆润的手在画里变成了青筋暴突,汗毛丛生,而且还塞满了象征物欲的钱币。就在这种对达·芬奇原作的破坏中,艺术家借此表达了自己的文艺与政治倾向。

尽管达达主义在很大范围内得到了传播,但它终究是一个很不稳定的文艺思潮。到1924年,达达主义基本被新生的超现实主义吞并,达达主义艺术家们也纷纷投奔其他流派,包括社会现实主义以及其他现代艺术流派。第二次世界大战前期,欧洲的许多达达主义者再度流亡美国,有一些则死于希特勒的集中营之中,原因是希特勒不喜欢带有颓废色彩的艺术。二战之后,许多新的文学和艺术流派纷纷诞生,达达主义的影响更加微弱。

二、不自觉形成的艺术流派

它是由一批艺术风格相近或者相似的艺术家们,不自觉而形成的艺术流派。他们一般没有固定的组织或纲领,也没有共同的艺术宣言。如西方现代戏剧中的"荒诞派";有的是在某一著名艺术家周围有一群艺术家追随,如中国京剧中的"梅派"。

荒诞派文学,是西方20世纪的后现代主义文学重要的流派之一,主要是在戏剧创作领域。它采用荒诞的手法,表现了世界与人类生存的荒诞性。荒诞派戏剧20世纪50年代初诞生于法国巴黎,随后在欧美各国产生了广泛影响,70年代初走向衰落。荒诞派戏剧的哲学基础是存在主义,它拒绝用传统的、理智的手法去反映荒诞的生活,而主张用荒诞的手法直接表现荒诞的存在。其艺术特点为:反对戏剧传统,摒弃结构、语言、情节上的逻辑性、连贯性;常用象征、暗喻的方法表达主题;用轻松的喜剧形式表达严肃的悲剧主题。

"荒诞"不是字面意义上的荒诞,而是有着其特定的内涵。按照存在主义的观点,"荒诞"是上帝"死"后现代人的基本处境,但在不同艺术家的笔下又有了不同的具体内涵。在萨特那里,表现为人生存的无意义;在加缪那里,表现为西西弗斯式的悲剧;在卡夫卡那里,表现为异化、孤独、徒劳和负罪……

在最具代表性的小说《变形记》中,卡夫卡通过让主人公变形,通过甲虫无声的、非人的心事和语言,以及那无人理解、无法表述、无法申辩的委屈和痛苦的表述,阐述了现代社会人的极端孤独与寂寞,尤其是

图 11-9 卡夫卡作品《变形记》插图

亲人的轻蔑与厌弃,更显其人情的冷落和淡漠。与此同时,卡夫卡还用极其细腻的笔墨,表现了主人公的变形带给他家人无法估量的痛苦,侧面抨击了当时的社会。

  在意象象征层面,主人公格里高尔睡的床、所住的房间,象征着压迫、禁锢人们的社会——拥挤、狭小;格里高尔一夕之间变为甲虫,后背上的壳则象征着人在社会生活中所承担的重压,如影随形,无法得到解脱,束缚着每个人的身心,使他们的生命弯成一种不自然的弧度,在天地间卑微地游离着,他们的一举一动丝毫由不得自己,而想要挣脱这宿命的枷锁,无异于天方夜谭。小人物想要在这个艰难时代求得生存,就必须蜷缩成顺从、服帖的姿态,在豪强巨富中间小心翼翼地讨得一点残羹剩饭,这样窘困的境况便是他们生活的常态,至死方休。这也是格里高尔最后死亡的象征意义。卡夫卡正是通过这种象征手法,让《变形记》在荒诞的情节中揭示出社会人生的现实。在《变形记》中,卡夫卡描绘了一个寓言式的虚幻世界,象征着真实的现实世界。在这里,象征只是一种方式,揭示、暴露问题才是目的。《变形记》真实地表现了黑暗的社会现实给人造成的压力、重负,最后导致人的精神扭曲。

三、后人归纳而成的艺术流派

  它是艺术家们本身并没有形成流派的计划或意愿,甚至自己并没有意识到属于某一流派,只是由于艺术风格的相似或相近,被后世人们在艺术鉴赏或艺术批评中,将其归纳为特定的流派。这一类艺术流派更多地出现于我国古代的艺术流派中,如汉乐府、建安文学、田园诗、豪放派、婉约派,等等。

第三节 汹涌的艺术思潮

  一定的历史时期和一定的地域内,随着社会生活的发展(特别是经济变革和政治斗争的发展)以及艺术自身的发展,在艺术领域里形成的具有广泛影响的艺术思想和艺术创作潮流,我们称之为艺术思潮。艺术思潮往往只能在一定的社会历史条件下产生,特别是在一定的社会思潮和哲学思潮的影响下。在这种思潮的影响下,艺术领域会产生一系列具有广泛影响的思想潮流和创作倾向。这种深远影响力也被认为是社会思潮的构成部分,在社会的发展过程中起着不可替代的重要作用。作为社会思潮的构成部分,艺术思潮的产生和发展有着深刻的社会历史根源和文化思想根源。
  艺术思潮的兴起,无论是先已在若干艺术创作中现出端倪,还是后来才在艺术创作中迅速展开,一般是由提出某种与现有艺术理论不同甚至对立的理论主张或口号而激发的。它以其理论和创作的独特性和新颖性争取社会认同、结合同仁并形成流派,在与现有的不同倾向的论争或竞逐中达到高潮。不同的艺术思潮在矛盾斗争中共同促进艺术的繁荣和发展。一种新艺术思潮的产生往往影响到该时期艺术观念和艺术创作方法的变更,从而导致新的艺术流派的诞生。但是,艺术思潮与艺术流派并不是简单的对应关系。在同一艺术思潮影响下,往往有几种不同的艺术流派并存。在同一艺术思潮内部,也会有不同的艺术流派。艺术思潮之间的斗争,归根到底是不同政治力量、不同思想观念在艺术领域里的反映。
  从在历史过程中相继兴起的艺术思潮总体来看,艺术思潮是各种不同倾向、风格、流派的艺术家和理论家先后掀起并共同推动的一种发展艺术、影响艺术史的思想潮流。但就历史过程中的某个时期或某个阶段涌现的艺术思潮来说,则具体地表现为大体上同一倾向、风格、流派的艺术家群所发动。

下面,就让我们通过对在生活中扮演了重要角色的"后现代主义"文艺思潮的了解,概述一下文艺思潮的发生与变革。

目前我们所处的时代,"现代主义"与"后现代主义"的思潮正并存着,并在许多艺术领域进行着堪称激烈的斗争。

上一节中提到的达达主义和荒诞派,都属于现代主义的范畴。我们在艺术鉴赏中审视这些流派,并对比传统的审美观念,就会发现已经"惊世骇俗",而后现代主义则"有过之而无不及"。可以说,"后现代主义"是在"现代主义"基础上发展出来的艺术思潮,它源于现代主义,又积极地反叛现代主义。

在后现代主义形成之前,现代主义的表达方式甚至思维方式都有一定的核心思绪,在创作层面也有既定的论述规格,艺术主题也具有表述事物真理性的特征。但随着科学的发展,爱因斯坦的相对论、测不准定理及宇宙大爆炸理论的相继出现揭示了"人类所发现真理的局限性与相对性",现代主义大量应用的"科学手法"(如达达主义的自由拼集、抽象主义的几何抽象、野兽主义挖掘色彩与表达的关系等)一下子变得不那么坚定可靠了。现代主义由此动摇,而后现代主义渐渐在这种动摇中开始崛起。

后现代主义认为对给定的一个文本、表征和符号有无限多层面的解释可能性。这样,字面意思和传统解释就要让位给作者意图和读者反映。比如美国表现多元宇宙题材的超级英雄漫画,就具有鲜明的后现代主义特征。在这些漫画中,一个人物的未来发展方向是不确定的,会因为所处宇宙位面的不同而发展出截然不同的故事线。一个正面的英雄人物可以在一些条件下"黑化",一个反派人物也可以在一些条件下幡然悔悟。同样的,我们日常接触的网络,从整体来看也具有鲜明的后现代主义特征。同样一个艺术作品,我们去观察评论区的动向,就会发现不同的人会有差别迥异的解读,这种对读者反映的包容与尊重也正是后现代主义精神的一部分。

从这一现象中我们可以观察到,后现代主义源自现代主义但又反叛现代主义,是对现代化过程中出现的剥夺人的主体性和感觉丰富性、整体性、中心性、同一性等思维方式的批判与解构,也是对西方传统哲学的本质主义、基础主义、"在场形而上学"等的批判与解构。

这种批判与解构延伸开来,必然引发社会政治与经济结构的重新洗牌,这种洗牌已经发生并且尚未完结。20世纪70年代后期,急于在时代大浪潮中获取更多社会话语权的欧美神学家和社会学家开始经常使用"后现代主义"(Postmodernism)这一词汇,这使得后现代主义的国际影响力大为扩大,也使得后现代主义越发需要从理论上下一个精准的定论。后现代主要理论家均反对以各种约定俗成的形式,来界定或者规范其主义。由于后现代主义的反本质主义,它根本不考虑艺术的本质,而是竭力抹杀艺术与非艺术的界限,甚至断言"艺术已经死亡"。

在建筑学、文学批评、心理分析学、法律学、教育学、社会学、政治学等领域,均就当下的后现代境况,提出了自成体系的论述。他们各自都反对以特定方式来继承固有或者既定的理念。由于后现代主义是由多重艺术主义融合而成的派别,因此,要为后现代主义进行精辟且公式化的解说是无法完成的。若以单纯的历史发展角度来说,最早出现后现代主义的是哲学和建筑学。当中领先其他范畴的,尤其是1960年以来的建筑师,由于反对全球性风格

(International Style)缺乏人文关注,引起不同建筑师的大胆创作,发展出既独特又多元化的后现代式建筑方案。而哲学界则先后出现不同学者就相类似的人文境况进行解说,其中能够为后现代主义大略性表述的哲学文本,是法国的解构主义。在这一主义的文本中我们可以看到有以下几点处于核心地位:① 不是不讲道德,而是反统一道德;② 不是否认真理,而是设定有许多真理的可能性,从个人的角度、情境的、文化的、政治的,甚至是性的角度;③ 反对连贯的、权威的、确定的解释(包括对圣经和其他信仰宣告),个人的经验、背景、意愿和喜好在知识、生活、文化和性上占优先地位。由于后现代主义的无中心意识和多元价值取向,由此带来的一个直接后果就是评判价值的标准不甚清楚或全然模糊,使人们的思想不再拘泥于社会理想、人生意义、国家前途、传统道德,等等,从而使人们的思想得到彻底的解放,也使人们对于自我有了更深刻的了解。

图11-10 后现代主义建筑——央视大楼

在文艺创作风格上,后现代主义并不是一个具体、单一的风格,也不因为作品的时代而界定为"后现代主义"。而且,很难以后现代主义的哲学理论来强行规范艺术创作,对于先有后现代主义理论,还是先有后现代主义艺术品,至今也没有定论。另一个特点是跨学科和跨创作媒体,建筑、文学、绘画、设计、家具均有设计师,在各自的艺术场境内进行后现代式的表述。不过,由于后现代主义对于创作主题和创作形式都有颠覆性的新思维,使风格很难一致,要表述各创作领域的后现代境况并不容易。

在我国的文化艺术发展历程中,后现代主义虽然让国民惊艳一时,最终却出现了严重的"水土不服"。从根源上来说,后现代主义不是追求某种伟大理想,而是拒绝任何伟大理想,并试图对一些伟大理想进行"嘲讽",却又无法摆脱人们对伟大理想追求的天性。这就使后现代主义在一些情况下显得偏执而又疯狂,有精神撕裂的气质。

从科学角度分析,后现代主义具有明显的非理性、非理论、反本质主义的倾向。它的局限性在于反对那些过时的、僵化的理论的同时,把那些正确的、有生命力的理论也一并抛弃了。很明显,这种意图是违反科学态度和科学精神的。如果不去探索事物的本质,只会使人们陷入盲目状态,无法遵循"按照客观规律办事"的原则,实现自己的预期目的。

思 考 题

  1. 艺术风格的多样性与艺术家个人人格之间存在什么样的关联?按照人格分析法,艺术风格有哪四种?各自的代表人物是谁?
  2. 通过对四种艺术风格代表人物的分析,你看到个人成长与艺术创作之间存在什么样的关系?
  3. 艺术风格的时代特色和民族特色都有哪些体现?
  4. 艺术流派为什么有消亡周期,不能永存?
  5. 艺术流派一般分为哪三类?这种分类与艺术鉴赏活动是什么关系?
  6. 艺术思潮是如何形成的?
  7. "后现代主义"的核心观点是什么?应该如何评价?

课 外 延 伸

  1. 使用人格分析法,对有一定社会影响力的近现代艺术家进行分析,并确定他的分类。
  2. 就同一题材,寻找艺术风格的民族特色在生活中的具体体现。
  3. 深入了解现代主义与后现代主义,并结合它们对现实生活的影响进行调研。

第四部分
从艺术鉴赏到艺术批评

　　在艺术鉴赏活动中,有一类人会逐渐具有艺术批评的能力,成为受艺术界与社会大众共同认可的艺术批评家。与艺术鉴赏相比,艺术批评更注重对艺术家和艺术品的综合价值和社会意义做出评估,这种评价通常以公认的批评标准为基础,并对如何得出评价结果做出解释。在这个过程中,一个批评家的知识储备和审美取向起到至关重要的作用。

　　艺术批评的对象可以是一切艺术现象,诸如艺术作品、艺术运动、艺术思潮、艺术流派、艺术风格、艺术家的创作以及艺术批评本身等。在这些批评对象中,处于核心地位的是艺术作品。对其他批评对象的批评,通常以对艺术作品的鉴赏与批评为基础进行展开。

　　下面,就让我们通过两个章节的内容来了解艺术批评的概念与形态、艺术批评的科学性与艺术性特征。

第十二章 艺术批评的概念与形态

一、艺术批评的概念

艺术批评是对艺术作品及一切艺术活动、艺术现象予以理性分析、评价和判断的科学活动。艺术批评既是艺术活动过程中产生的一种艺术现象,又是艺术活动的一个有机组成部分。自艺术作品产生及其传播和接受以来,艺术批评也就随之而产生和发展,并且构成艺术活动整体中的一种动力性和规范性因素,在促进艺术创造的同时又推动艺术的传播和接受。

作为一种艺术活动的组成部分来讲,它属于接受范围,主要是以艺术作品为对象的理性评价活动。而作为一种艺术现象来讲,它又超越了接受范畴,它对一切艺术活动和艺术现象,甚至包括艺术批评自身在内都要加以分析和评价,并且这种分析、评价和判断是以理性为基础的科学活动。

作为艺术鉴赏的高级阶段,艺术批评需要在艺术鉴赏的基础上进一步深化和发展,在一定的艺术理论指导下,对艺术作品和艺术现象进行细致入微的研究分析,并作出理论上的鉴别和论断。

二、艺术批评的形态

作为一种艺术活动,艺术批评的形态通常与社会背景、社会思潮有着紧密的联系。在不同的社会背景和社会思潮的影响下,艺术批评也会表现出不同的批评形态。在林林总总的艺术批评形态中,下面四种批评形态最具代表性,也最具影响力。它们都在当时产生过巨大影响,直至今日还深深影响着艺术批评的展开。

1. 社会历史批评

社会历史批评是当今批评方法类型中历史最悠久、影响力最大的方法体系,也是人们最熟悉的、惯用甚至滥用的批评方法。同时,它又是一个在不断发展中的,仍有生命力的方法体系。

社会历史批评是以艺术与社会的关系为基准来对艺术进行综合评价的一种批评形态。这种批评形态的核心观点为艺术是社会生活的再现,着重强调艺术与社会生活的关系,认为艺术是再现生活并为一定的社会历史环境所形成的,其主要功能是认识功用和历史价值。这种批评方法往往以艺术作品为中心,联系艺术家的生平和作品的时代背景进行分析研究,并最终揭示艺术作品在大众思想发展和社会进步方面的价值与意义。

社会历史评价有一条核心原则:分析、理解和评价作品,必须将作品产生的时代背景、历史条件以及作家的生活经历等与作品联系起来考察。

这种批评形态在中国的影响极大,是中国艺术批评的主要批评形态。中国古代对文学批评的理解是《诗经·小雅·伐木》篇章中的"嘤其鸣矣,求其友声",直指文学之所以要批评的本意是让文字所表达的心声和意旨得到理解和回应。《孟子·万章下》中用"颂其诗,读其书,不知其人可乎?是以论其世也。是尚友也"阐述了文学批评"知人论世"的原则。刘勰在《文心雕龙·知音》等篇章中以是否符合"自然之道"、是否违反"征圣""宗经"之旨这两个尺度来衡量文学作品的价值,也具有鲜明的社会历史批评特色。到了近代,鲁迅也曾在讲到如何评论文学作品时说道:"我总以为倘要论文,最好是顾及全篇,并且顾及作者的全人,以及他所处的社会状态,这才较为确凿。要不然,是很容易近乎说梦的。"在新中国成立后,占据我国艺术批评阵线主流地位的马克思主义艺术批评,同样是社会历史批评的延伸和发展。

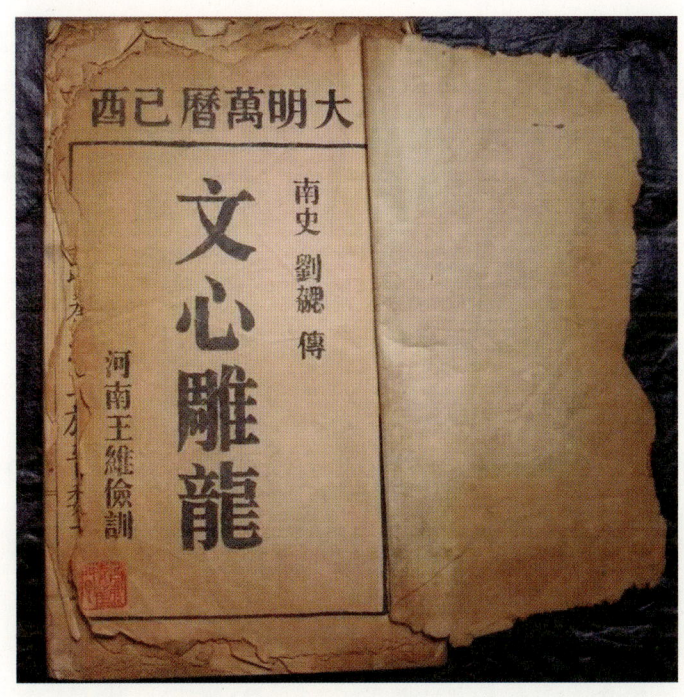

图 12-1　我国最早的文学批评专著《文心雕龙》明万历版

　　在西方,真正的社会历史批评开始于十七至十八世纪的意大利法学家和历史哲学家维柯。他在《新科学》中,根据对古希腊社会的文化历史研究来探讨荷马史诗及其作者,从而为西方世界开创了把文学作品与时代背景、作者生平结合起来研究和评价的批评方法。在维柯之后,十八至十九世纪法国浪漫主义文学运动的先驱斯达尔夫人在其文学批评理论著作中《从文学与社会制度的关系论文学》(简称《论文学》)中形成了社会历史批评的基本范式,同时在该书序言中明确地说明自己的研究任务是"考察宗教、风俗和法律对文学的影响,反过来,也考察后者对前者的影响"。

　　19世纪,有"批评家心目中的拿破仑"美誉的法国著名文艺理论家丹纳在其名著《英国文学史》《艺术哲学》等书中,提出了影响深远的决定文学创作和文学发展的"三因素"说,即种族、环境、时代。他认为艺术作品和艺术思潮总是和艺术家所属的种族、所生活的地理环境和社会风俗结合起来的,从这三个因素出发就可以找出艺术作品美学特征的来源和内在动力。在这三个因素中,他又特别强调了时代的巨大影响和作用:"如果一部文学作品内容丰富,并且人们知道如何去解释它,那么我们在这部作品里所找到的会是一种人的心理,时常也就是一个时代的心理。有时更是一个种族的心理。从这方面看来,一首伟大的诗,一部优美的小说,一个高尚人物的忏悔录,要比许多历史学家和他们的历史著作更有教益。"丹纳相关理论的成熟,也是现代意义上的艺术批评思想走向成熟并最终定型的重要标志。

社会历史批评形态的成果很多,但也有其局限性。这种评价形态在实践中往往对艺术作品的文化意义和文献价值更为偏重,而对艺术作品本身的审美追求和受众的审美需求不够重视甚至忽视。这就使得在一些情况下,社会历史批评未能很好地分辨新兴作品在艺术成就上的良莠,给一些平庸作品打了高分,而一些跨时代的艺术作品则惨遭雪藏。具体的案例如文森特·梵高、齐白石等,都在之前的内容中有相关介绍。

图 12-2　丹纳像

2. 伦理批评

伦理批评是以道德为标准对艺术作品进行评价的一种批评形态,其基本范畴是善与恶,它以是否符合道德标准为尺度来衡量艺术作品,重视艺术的教化功能。伦理批评在东西方都是兴起最早而又影响深远的一种批评形态,在早期往往与社会历史批评合在一起,很难将二者之间清晰分开。

我们通过研究古代文本可以很容易观察到古老文明在批评艺术时候都遵循着相似的准则,尤其是自觉地秉承着"符合道德的就是美,不符合道德的就是丑"这一朴素原则。这种现象的形成与人们早期的美学观念和道德观念有关,也与古代社会森严的等级制度所形成的伦理关系有关。不管是在西方的古希腊时期,还是我国同时期的先秦时期,美学观念与道德观念都是糅合在一起的,有着密不可分的关系。

图 12-3　曾被认为是美丽的束腰(欧洲)和缠足(旧中国)

这一原则的天然缺陷就是用道德来衡量"美",往往美是永恒的,而道德却是游移不定的。尤其是在森严的等级制度下,统治者为了自己的利益往往会将在美学上是丑陋的事物用道德包装成美丽的事物,或者将美丽的事物用道德批判的大棒抨击为丑陋的事物。即便是在等级制度逐渐走向消亡的国际主流社会,道德内涵和道德标准也随着社会发展和社会关系的变化而发生变化。比如在美国在二战后的短短几十年间就经历了从保守主义到性解放,再到近年鼓励回归传统的社会风向。即使在同一国度内,因阶级、民族的不同,伦理批评的尺度也有较大差异。

综上,伦理批评形态从表面上看似乎是恒定的,但内容是不断流动变化的。作为一种批评形态的伦理批评具有多样性,即使在同一时代、同一国度、同一民族、同一阶级甚至同一个体,由于道德理想的差异和道德理想的更迭,在批评同一艺术作品时也会呈现出不同的样貌。

3. 心理学批评

心理学批评是借用现代心理学成果对艺术作品或艺术家作心理分析,从而探求艺术作品原型、真实意图与内在架构的一种批评方法。心理学批评有许多流派,如实验心理学批评、格式塔心理学批评、精神分析学等。虽然流派不同,但作为同一种批评形态的心理学批评,有许多重要方面还是相似的,即它们都主张对真实内容进行分析,不能只从表面上去看作品,而要看透它。这种批评形态着重通过对艺术作品的分析来挖掘与论证艺术家的潜意识,论述艺术家的本能欲望如何成为创作的动机,并就艺术的效果与特点所产生的影响作出心理学的解释。在心理学批评形态中,以精神分析与格式塔心理学的批评最具代表性。

精神分析学的创始人弗洛伊德认为艺术创作是本能冲动"升华"的结果,是得不到现实满足的欲望的补偿。艺术家从这种升华和补偿中使自己的心理得到平衡,而且也在艺术作品层面让人分享了他在表达幻想时美的享受的乐趣。

格式塔心理学的批评则认为:整体不等于部分的总和,整体是先于部分而决定各个部分的性质和意义的,这本身是一种心理现象。具体到艺术作品批评而言,它是经由主体知觉活动(主要表现为艺术家的构思、鉴赏与批评者的思想活动)积极参与组织建构经验(主要表现为艺术家对材料的艺术加工、鉴赏与批评者的审美活动)中的整体,不是客体(指艺术作品)本身所固有的。不能把握事物的整体和统一结构,就不能创作和欣赏作品。在艺术作品的创造与批评中,"主客结合,心物互动"是重要的心理特征,也就必须从作品的整体完形结构中才能了解其真实的含义并通达艺术家的心灵。

除了以上两种心理学批评形态,从心理角度切入并展开艺术批评也早已有之。我国最早的"诗言志"说,直接涉及的便是文学创作的心理问题,刘勰的《文心雕龙》、钟嵘的《诗品》、严羽的

图 12-4 格式塔心理学创始人之一韦特海默

《沧浪诗话》、叶燮的《原诗》以及诸如"虚静说""性灵说""神韵说"等都包含了敏锐而机智的心理学批评思想。西方的柏拉图也在关于文学创作中"迷狂"与"灵感"现象的探讨,包含了心理学批评的内容。

4. 本体批评

本体批评是以艺术作品审美内蕴和审美价值为中心对艺术进行研究的一种批评方法,它关注艺术作品的美感在观众身上引起的反应,如愉悦、升华、畅神甚至高峰体验等。在中国的魏晋、西方的文艺复兴以前,本体批评还不是独立的批评形态,往往依附于伦理批评或社会历史批评,只起到补充作用。到了魏晋时期,随着儒家伦理道德的阶段性衰落、佛学的传入和道家老庄之学的复兴,原先受到禁锢的美的意识开始觉醒,韵味、神韵、意味、妙悟、境界、意境等对艺术作品本体进行批评的学说相继发展并成熟起来。此后,中国古典艺术批评奠定了通过"品而得味,悟而得神"来品评诗、书、画、乐等艺术门类的本体批评方法。

在西方文艺复兴与宗教改革后,美学思潮开始大量涌出,形成了众多的美学流派,本体批评也呈现出各抒己见的态势。例如,浪漫主义主张"美丑共存,光暗相随";黑格尔从偏重哲学的角度审视作品是否为"理念的形象显现";罗丹说"自然总是美的""美就是性格和表现";唯美主义则把艺术和生活的关系颠倒,认为生活应该模仿艺术,艺术的使命在于为人类提供感观上的愉悦,而非传递某种道德或情感上的信息……总之,情感与表现构成了西方本体批评的核心概念。

图12-5 浪漫主义电影《巴黎圣母院》剧照

综上,不管是东方的本体批评,还是西方的本体批评,都是一种情感性评价。这种批评形态更多地着眼于艺术作品以什么样的情感并在多大程度上在艺术品种被表现,并用由此引起的鉴赏者、批评者在心灵与情感层面的震荡对作品进行感性评估。

三、艺术批评的作用

艺术批评不是为了批评而批评，也绝不止于批评，而是在艺术发展过程和引导社会鉴赏活动中起着重要作用。概括起来，艺术批评的作用主要有以下三点：

第一，通过对艺术作品的分析和阐释，评判其审美价值。艺术批评对艺术作品审美价值的揭示，对艺术学的发展极为重要，是艺术学科不断向前发展的重要驱动力。通常来讲，艺术学包括艺术理论、艺术史和艺术批评三个方面。艺术批评的主要任务是针对艺术作品进行分析和评价，同时也包括对于各种艺术现象（如思潮、流派）的考察和探讨，在艺术史和艺术理论的形成与发展中处于纽带地位。一方面，艺术批评必须以一定的艺术理论作为指导，必须利用艺术史研究提供的成果。另一方面，艺术批评也总是通过分析新作品，评论新作家，发现新问题，总结新经验，从而不断丰富和发展艺术理论和艺术史的研究成果，使艺术理论和艺术史学从现实的艺术实践中不断获取新的资料和新的素材。

第二，通过艺术批评将信息反馈给艺术家，对其创作给予帮助。艺术创作是一个复杂的精神生产过程，艺术家需要广大读者、观众、听众和批评家的帮助，才能深刻地认识自己，不断地攀登艺术的高峰。曹雪芹的巨著《红楼梦》就是边听取意见，边修改提高的。

尤其是脂砚斋的评点为其增色不少，所以，流传抄本的书名也叫作《脂砚斋重评石头记》，现在的红学家们在研究这本书时也总离不开研究脂砚斋的评点。优秀的艺术批评甚至还能集中反映时代的需要和广大人民群众的审美需求，充分发挥艺术生产中的信息反馈和调节作用，推动艺术创作沿着正确的道路健康发展。

第三，通过艺术批评的开展，帮助艺术接受者更好地鉴赏艺术作品，提高鉴赏能力和鉴赏水平。艺术作品通常具有艺术语言、艺术形象和艺术意蕴等几个层次，而且

图 12-6 《脂砚斋重评石头记》影印本

艺术作品的构成因素中，还存在着内容与形式、感性与理性、再现与表现的统一。因此，艺术作品深刻的思想内涵和真正的艺术魅力不是人一下就能领悟和把握的，这就需要艺术批评来发现和评价优秀的作品，指导和帮助广大群众进行艺术鉴赏。因为艺术批评家对艺术史的掌握使其具备高度的鉴赏力和判断力，能够从人们未曾注意的地方发现作品的审美价值，能够更加正确、更加深刻地理解艺术作品和艺术现象，从而给人们的艺术鉴赏以有益的指导、帮助和启发。

四、当代艺术批评

为了方便区分,当代艺术批评可以分为挑战或捍卫主流意识形态的政治艺术批评、追求商业价值的商业艺术批评、维护学术价值的学院艺术批评三种形式。

1. 政治艺术批评

在西方世界,政治艺术批评的主旨是解构它们社会内部流行的主流意识形态,并试图在对之前主流意识形态的批判之上建立全新的秩序。西方政治艺术批评对主流意识形态的批判,源于西方的主流价值观就是反意识形态的。历史上,二战结束后,世界艺术中心从巴黎转移到纽约,而政治艺术批评也逐步沦为美国操控世界艺术发展与思想动向的武器。尤其是 20 世纪 70 年代后,西方世界的艺术批评越来越重视社会学解读。在巴黎与纽约两个时尚之都的话语权争抢中,"解构"与"考古学"成为西方政治艺术批评内部的主要思想武器。在 20 世纪 80 年代末,"后现代主义"开始宣扬多元价值观,艺术批评也开始变得多元,并解构了所有艺术的核心概念。这种做法固然使西方世界的艺术获得短时间的蓬勃发展,一定程度上解放了艺术生产力,但也造成了诸如"政治正确"等顽疾,使得西方政治艺术批评逐渐走进死胡同。

与西方的政治艺术批评不同,中国的政治艺术批评旨在捍卫主流意识形态。这与中国的社会结构和政治体制有关,也与我国文化长期面对西方文化阶段性强势侵袭的状况相关。与西方的政治艺术批评相比,我国的政治艺术批评是在中国特色社会主义思想的指导下进行的,以服务人民为根本宗旨,为中华民族的伟大复兴服务。具体而言,中国的政治艺术批评更强调正能量和引领意识,表现为对社会主义主流价值观的捍卫,而非解构。

2. 商业艺术批评

商业艺术批评的一个重要标志就是收取报酬,尤其是来自画廊、美术馆或者艺术家本人的报酬。商业艺术批评是艺术品市场中的重要环节,也是促成艺术品交易的重要手段。商业艺术批评的发达程度,往往代表着一个国家艺术品成交市场的繁荣程度。在西方资本主义国家,商业化艺术批评也很发达,知名的艺术批评家可以靠着写长评、短评、参与展销等商业艺术批评活动获取不菲的酬劳。

在相当长的历史时期内,我国并没有商业艺术批评。20 世纪 90 年代末期,我国艺术市场逐渐走向繁荣,也开始出现了商业艺术批评,并逐渐出现一些特别的现象:如影视行业内的刷评、控评,以及不具备权威性的评审机构层出不穷等。这说明了我国商业艺术批评发展的不完善,也说明了人民群众潜在的巨大艺术需求市场。

无论中外,商业艺术批评都是为商业活动服务的,不可避免地会出现吹捧和批判的两极分化。有的批评家通过吹捧获取报酬,而另外一些则通过批判获得关注或者把市场热度引向其他艺术家及艺术作品,往往莫衷一是,比较混乱。尤其在比较动荡的艺术环境中更是如此,常常让人摸不着头脑。

3. 学院艺术批评

在三种艺术批评中,最专业的要数学院艺术批评。学院艺术批评家多半接受过良好的学术训练,能够生产出比较规范的文本,更容易被传播并被艺术鉴赏界所认可。尤其是自身所具有的中立立场,既与政治艺术批评保持一定距离,又与商业艺术批评保持一定距离,所以在批评艺术作品时会更多地从纯粹艺术的角度出发。

但是，学院艺术批评也有其自身的问题，主要表现在中立而不够客观、容易被利益关系与个人价值观所左右。首先，无论中外，由于专业竞争的压力，学院批评家都倾向于做过度批评，很少有人能够恰如其分地进行客观批评。其次，学院批评家往往更注重个人意见表达，而非从整个社会的宏观视角审视艺术品的综合价值，往往给出片面而非全面的论断。比如，在中国音乐界的学院艺术批评界一直存在着对"凤凰传奇""刀郎"等音乐人的偏见，只会机械教条地按照西方文艺创作理论对他们进行批判，完全无视他们的艺术成就与广大的社会影响力。最后，在批评的形式上，学院批评家虽然不必一定在学院担任教职，但批评文本普遍喜欢旁征博引，堆砌时髦理论概念，很少有批评家能够对相应概念进行合理辨析，甚至不太考证概念的原始出处，也不太注重逻辑的连贯性，只追求"理论密度"。

在当代艺术批评界，这三种形式的批评是并存的，随着不同的社会环境变化而变换主次关系。从更宏观的历史角度看，在社会文化对外具备"软实力优势"的时候，政治艺术批评往往不会大行其道，而商业艺术批评则更多地占据优势地位，甚至学院艺术批评也大量地服务于商业艺术批评；反之，政治艺术批评则会占据优势地位，商业艺术批评会受大环境的影响而发展不良，学院艺术批评则更多地为政治艺术批评服务。

1. 艺术批评与艺术鉴赏的联系与区别分别是什么？
2. 艺术批评的主要形态有哪几种？
3. 艺术批评在社会与艺术发展中的作用有哪些？
4. 国内与国外的当代艺术批评有哪些根本差别？

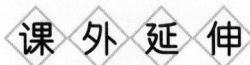

1. 更深入地了解社会历史批评与伦理批评。
2. 在已有艺术批评成果的基础上，对我国古典四大名著中的某一本进行鉴赏。
3. 对西方当下的"政治正确"现象进行了解，试着用艺术创作相关知识分析这种现象对艺术创作形成的桎梏。

第十三章　艺术批评的标准与方法

在上一章的内容中,我们讲了艺术批评的概念与形态等基础知识。在这一章的内容中,我们将进一步就艺术批评的标准与方法进行简单介绍。

一、艺术批评的标准

艺术批评家在真实而具体地展开艺术批评活动时要依据一定的标准。鲁迅曾在《批评家的批评家》一文中说:"我们曾经在文艺批评史上见过没有一定圈子的批评家吗?都有的,或者是美的圈,或者是真实的圈,或者是前进的圈。"鲁迅所说的"圈子"就是一个"标准"。可见,艺术批评若无特定的标准可循,便无法进行。

1. 社会价值评判标准

艺术批评家的服务对象以社会大众为主,所以,首先就要遵守一种足以让社会大众信服的科学标准,具体表现形式就是社会价值评判标准。所谓社会价值评判标准就是指艺术批评家以特定社会结构中的艺术实践活动对其社会作用效果的优劣与利弊的分析、判断、研究以及界论艺术实践的尺度。

图 13-1　社会主义核心价值观的内涵

在艺术批评活动中,社会价值评判标准具体包括以下三个方面。首先,社会价值评判标准要求艺术作品应该是生活现象的真实与历史本质的真实的统一,即要提供某种真理性的认识。其次,社会价值评判标准还要求艺术作品要有进步的倾向性,就是要求艺术家能以先进的世界观作指导,反映出历史发展的趋向,表达人民群众的思想和愿望,从而引导人们走向进步,自觉地为改造旧世界、建设新世界而奋斗。最后,社会价值评判标准还要求作品要具有健康的情感性,主张作品从整体上要表现对人的心灵的积极影响、有益于身心健康的情感。

综合这些设计价值评判标准,最终会在一个社会内部形成一种价值观。而这种价值观往往具有一定的时代性。

在我国的艺术批评活动中,主要以社会主义核心价值观为价值导向。具体而言,以毛泽东同志在《延安文艺座谈会上的讲话》与习近平总书记《文艺工作座谈会讲话》为纲领性文件,后者为前者在新时代的发展与延伸。

习近平总书记高度重视文艺工作,将文艺工作放在文化发展与传承的高度上,放在社会主义核心价值观的建设与弘扬的重要位置上,放在获取社会前进动力、凝聚人心力量的最大公约数上。"文艺是时代前进的号角,最能代表一个时代的风貌,最能引领一个时代的风气",而"文艺批评是文艺创作的一面镜子、一剂良药,是引导创作、多出精品、提高审美、引领风尚的重要力量"。

在这样的时代背景下,就需要艺术批评同时具备思想性、民族性与时代感三大特点。其中,思想性要求艺术批评家既要有对文艺作品的专业眼光,又要实现用正确的价值理念引导欣赏者这一功能,评论必须注重作品的思想性内涵。思想性是指注重中国经验,理解中国人怎么讲述中国人和全人类的故事,深入理解中国文化的优秀遗产,从中总结出能为世界所分享的理论。时代感是指艺术批评家要和当代中国读者和观众分享自己对作品的感受、判断和体验,因此不能缺失对时代特征的敏感和面向当代的眼光和表达能力。每个艺术领域在不同时代都可能面临不一样的问题,这就需要艺术批评家深刻理解当代艺术语境,找到这个时代文艺所面临的重大问题,做出回应。

2. 艺术价值评判标准

所谓艺术价值评判标准,则是指艺术批评家以特定社会中的艺术实践活动本身的优劣与得失为分析、判断、研究和界论艺术实践发展的主、客观规律,拓展艺术创造实践活动的范围,加大艺术实践创造的力度,有效促进艺术的整体发展。

在运用艺术价值评判标准时,一般从由浅而深的三个层面一一展开。

(1) 首先是对艺术作品外在形态和内部结构所达到的完美程度做出分析判断。例如以音乐而言,从音乐的节奏和旋律上要注意它是否具有音乐审美的典型特征,并对这种"美"所表现出的现实意味和表现手法进行分析。

(2) 对艺术形象的艺术价值进行综合评判。艺术作品的形象或情景的高下得失,从总体上说有这样几个着眼点:一是要看是否具有鲜明性;二是要看是否具有生动性;三是要看是否具有独特性;四是要看

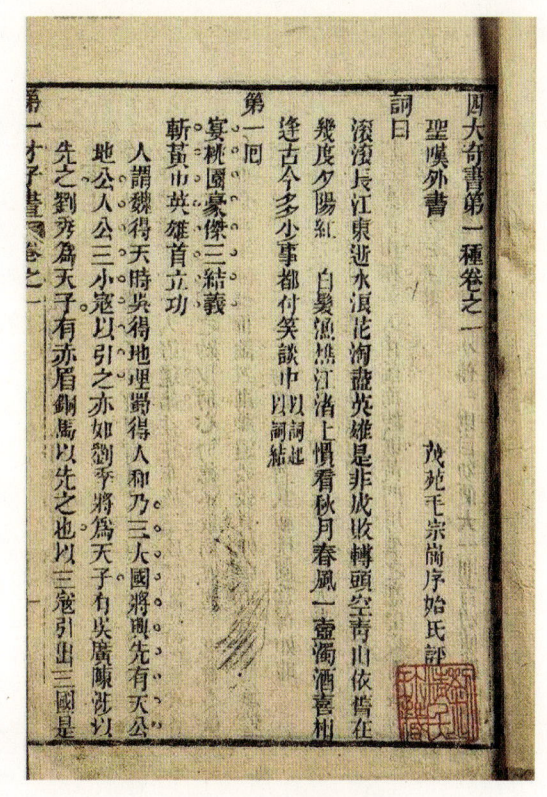

图 13-2 《毛批三国》

是否具有概括性,能以少总多,情貌无遗。鲜明、生动、独特而富于概括性的形象,就可能达到典型高度或新的创造高度,成为艺术性高的一种标志。

(3)对艺术作品的意蕴进行批评。在前面的相关内容我们已经提到,艺术意蕴是深藏在艺术作品中内在的含义或意味,普通的社会大众以及艺术鉴赏者是很难全面从艺术作品中提炼并理解其全貌的。这就需要艺术批评家在批评中对艺术意蕴加以挖掘与总结,并形成文字传达给大家。

在具体的艺术批评过程中,社会价值评判标准和艺术价值评判标准是内在联系一起的,越是深层的批评,艺术标准就与社会价值标准越难分开。例如,进入到意蕴批评时,艺术的批评同时也成了社会价值的批评,甚至在艺术形象的批评中也无法脱离思想的评价。因此,艺术批评的标准是整体性的,两种标准之间往往不可分割。

二、艺术批评的多种方法

20世纪,西方艺术批评方法百花齐放,百家争鸣。任何一种批评方法的出现都是特定时期整个时代文化或者是艺术认知方式变化和发展的结果,包括艺术观念、审美特征、创作原则、美术追求等,各种流派都有自己的理论、方法体系,同一流派中也存在不同见解,兴衰更迭,情况复杂。总结起来,至少有俄国形式主义、英美新批评、结构主义批评、原型(神话)批评、精神分析批评、读者反应批评、西方马克思主义批评、后结构主义、后现代主义、女权主义、新历史主义、后殖民主义、性别研究、文化研究、后人文主义、生态文学批评、生态后现代主义、后现代文学伦理学批评等18种具有巨大影响力的当代西方文艺批评理论。在这些流派中,我们选择以下五种方法来介绍:

1. 新批评

新批评又称形式主义批评、本体论批评,是英美现代文学批评中最有影响的流派之一,于20世纪20年代在英国发端,30年代在美国形成,并于四五十年代在美国流行了近二十年,到了50年代后期渐趋衰落。新批评提倡和实践立足文本的语义分析进行文学批评,对当今的文学批评尤其是诗歌批评产生了深远的影响。

它的理论原理是以语言问题为基础的,强调文学研究只限于作品本身,把文本看作文艺批评的出发点和归宿点,其中的代表有兰索姆的本体论主张、瑞恰兹把语言分成科学的和感性的等。

2. 原型批评

原型批评,又称神话批评,是20世纪五六十年代流行于西方的批评流派,其主要创始人是加拿大的弗莱。它建立在西方人类学和心理学等学科成果的基础之上,受以弗雷泽为代表的文化人类学和荣格为代表的分析心理学的深刻影响。

弗莱认为,文学起源于神话,神话中包蕴着后代文学发展的一切形式与主题。正是在这个最一般的意义上,弗莱把神话称为文学的原型。因此,他强调要从仪式、神话、图腾崇拜等入手探索和解释文艺现象,特别是文艺起源和发展问题。

3. 结构主义批评

结构主义批评是根据索绪尔的现代语言学研究成果建立明确模型来对文学作品进行结构分析的批评流派。结构主义是对文学的宏观形式的研究,狭义的结构指由部分构成整体的方法,广义的结构指事物的系统性模型、形式联系、关系总体,等等。其中的代表人物是法国的列维斯特劳斯,他把索绪尔的结构主义语言模型运用到人类学研究上,创立了结构主义人类学。此外,把结构主义批评和索绪尔现代语言学运用到诗歌,就形成了结构主义诗论,这其中的代表人物有雅各布逊,也产生了广泛的影响。

4. 读者反应批评

读者反应批评是20世纪60年代形成的一种批评理论,主张把批评的注意力从一部作品转到读者的反应上来,集中研究阅读文艺作品的活动,提出并加强了阅读接受和批评活动的主体性观念,形成了阅读现象学、文艺阐释学、接受美学批评的三个主要学派。

5. 西方马克思主义文艺批评

西方马克思主义文艺批评是一种远非原来的马克思的"马克思主义"理论。这一学派有条基本原理,即文学作品只有放在社会现实的更大范围内才能被准确地理解,不能把作品同社会和历史隔绝开来,否则就无法解释什么是文学。他们都把文学作品文本—历史(社会)—意识形态(世界观)三者关系作为核心问题进行研究,根据对这一核心问题的回答不同,又可以划分出不同的批评模式。

1. 艺术批评的标准有哪些?核心是什么?
2. 艺术批评的多种方法是因何而产生的?
3. 西方马克思主义文艺批评为什么远非原来的"马克思主义"理论?

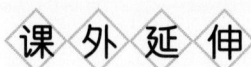

1. 了解艺术批评的多种方法,并试着探寻其中一种艺术批评方法的起源与发展历程。
2. 通过对优秀国产电视剧进行分析,看其中具体有哪些社会主义核心价值观的内容。